Norbert Berens / Marguerite Koob

Philosophieren mit Kindern in der Grundschule

12 fertige Unterrichtseinheiten mit Lesetexten und passenden Arbeitsmaterialien als Kopiervorlagen

3. Auflage 2024

Autor*innen: Norbert Berens, Marguerite Koob
Satz: Fotosatz Buck, Kumhausen
Druck und Bindung: PMLS GmbH & Co. KG, Kassel
ISBN 978-3-403-**04125**-2

www.auer-verlag.de

Inhalt

Vorwort

Wenn Aristoteles, Platon und Cicero in der Antike von den Rechten der Menschen reden, so bezog sich das nur auf einen kleinen Teil der Menschheit. Seit 1948 aber erkennt die Völkergemeinschaft allen Menschen dieser Erde ohne Unterscheidung die gleichen Rechte zu:
„Jeder Mensch hat Anspruch auf die in dieser Erklärung verkündeten Rechte und Freiheiten, ohne irgendeine Unterscheidung, wie etwa nach Rasse, Farbe, Geschlecht, Sprache, Religion, politischer und sonstiger Überzeugung, nationaler und sozialer Herkunft, nach Eigentum, Geburt oder sonstigen Umständen."
(Art. 2 der Allgemeinen Erklärung der Menschenrechte, Resolution 217 (III) der Generalversammlung der Vereinten Nationen vom 10. Dezember 1948)

Der Umgang mit diesen Rechten und auch den Pflichten, die sich aus ihnen ergeben, will jedoch von Kindheit an geübt werden. Philosophische Erörterungen, nicht nur in diesem Zusammenhang, begeistern die Schülerinnen und Schüler und bringen eine neue, ungewohnte Dimension in das Unterrichtsgespräch. Eine bis dahin unbekannte Tür zu gedanklichen Abenteuern öffnet sich.

Wer die Kinder von heute als die Erwachsenen von morgen ansieht, kann sich als Erzieher wohl keine schönere Aufgabe vorstellen, als sie auf diesem Weg mitwirkend zu begleiten. Der vorliegende erste Band einer neuen Philosophiebuchreihe wird den Lehrerinnen und Lehrern dabei ein nützliches Hilfsmittel sein, auch wenn sie fachfremd unterrichten.

Es kann nicht Aufgabe der Erziehung sein, beziehungsloses Wissen zu vermitteln. Die Kinder haben ein Recht auf Kompetenzen: Sie haben das Recht, vermittelt zu bekommen, wie man mit Wissen umgeht. Sie haben ein Recht darauf, zu erfahren, wie man als verantwortungsvoller und informierter Angehöriger unserer menschlichen Gesellschaft am gemeinsamen Leben teilnehmen kann. Und sie haben auch das Recht, ihre eigene Person erkunden zu können und tolerantes Miteinander zu erfahren. Sie haben vor allem das Recht, Fragen zu stellen und nach Antworten zu suchen.

Ein neutraler Philosophieunterricht wendet sich an Kinder und Erwachsene, die wertvolle Richtlinien für ihr Leben suchen. Er wendet sich aber auch an jene, die sich um zusätzliche, philosophische Einsichten bemühen: zusätzlich zu jenen Einsichten, die ihnen die eigene oder die von ihrer Schule angebotene Religion vermittelt. Konflikte werden hierbei nicht entstehen, da diese Philosophiebände sich dem Geiste des zweiten Artikels der Menschenrechtserklärung verpflichtet sehen.

Selbstverständlich wurden die hier vorliegenden Unterrichtseinheiten in der Praxis erprobt. Dies bezieht sich sowohl auf den Aufbau der einzelnen Unterrichtsstunden als auch auf die philosophischen Elemente, die diesen Unterricht kennzeichnen. Das gemeinsame Nachdenken in der Klasse, das Philosophieren, wird konsequent im Rahmen der verschiedenen Unterrichtseinheiten eingesetzt.

Das Philosophieren mit Kindern und für Kinder ist eine Bewegung von inzwischen weltweiter Bedeutung, die sich keinesfalls auf das Erzieherische beschränkt. Man begegnet den Kindern mit Respekt: Respekt vor dem, was sie jetzt schon sind, aber auch vor dem, was sie einmal sein werden.

Der Philosophieunterricht will den Kindern bei ihrer individuellen und gemeinschaftlichen Entwicklung begleitend zur Seite stehen.

Die Autoren

Philosophieren mit Kindern

Philosophieren mit Kindern heißt, sich auf ein pädagogisches Gebiet zu begeben, das den Lehrer* immer wieder vor neue Herausforderungen stellt. Es setzt Weltoffenheit voraus und die Bereitschaft, alles in Frage stellen zu lassen. Gemeinsam mit seinen Schülern wird man neuen, überraschenden Antworten auf den Grund gehen können. Es ist eine Disziplin, die demjenigen, der sich ihr bejahend unterzieht, größte Genugtuung spenden wird.

Man sollte nicht zögern, sich in dieses, für manchen ungewohnte, pädagogische Abenteuer zu stürzen, auch, oder vielleicht gerade dann, wenn man fachfremd unterrichtet. Philosophieren mit Kindern ist für denjenigen, der der Ausdrucksfreude und der Fantasie der Schüler und ihrer fast wissenschaftlichen Neugierde positiv gegenübersteht, vielleicht der leichteste Einstieg in einen zeitgemäßen Ethikunterricht. Hierzu ist es sicherlich nicht notwendig, zuerst einen Doktorgrad in Philosophie zu erwerben oder selbst das Leben eines übernächtigten Philosophen mit wirrem Haar zu führen. Für den Anfang genügt es, in der Lage zu sein, einigermaßen Disziplin in der Klasse zu wahren (auch in intellektueller Hinsicht) und die Bereitschaft mitzubringen, auf einer Ebene zu diskutieren, die den Fähigkeiten aller Schüler Rechnung trägt. Und diese beiden Eigenschaften besitzt doch wohl jeder, der unterrichten will.

Wichtig ist jedoch die Einstellung des Lehrers gegenüber seinen Schülern. Man kann einerseits die Kinder als noch nicht entwickelte, nicht sehr gescheite Wesen ansehen, die es gilt zu bilden, zu formen, so als handele es sich um Modelliermasse. Doch diese glücklicherweise seltene Einstellung trägt weder dem Wesen noch dem Intellekt eines jungen Menschen Rechnung und zieht die Möglichkeiten und Verpflichtungen der heutigen Gesellschaft nicht in Betracht. Andererseits kann man – und sollte es auch – Kinder als zukünftige Erwachsene ansehen, die der Lehrer auf dem Weg zum Erwachsenwerden begleiten soll. Er soll ihnen Wissen vermitteln und den Weg zu weiterem Wissen zeigen, er soll den Kindern vermitteln, wie sie ihre Kompetenzen sinnvoll einsetzen können.

Man braucht auch nicht zu befürchten, dass Kinder mit der Disziplin Philosophieren überfordert wären. Das Gegenteil ist der Fall: Wer das Glück hatte, ein Kind von seinen ersten Tagen an bis ins Jugendalter begleiten zu dürfen, der weiß, dass Kinder schon früh die Frage nach dem Tod und dem Danach stellen – und das ist, neben dem immer wiederkehrenden „Warum?“, doch sicher nicht die unwesentlichste Frage in der Philosophie.

Damit eine Philosophiestunde in der Grundschule Früchte trägt, sollten verschiedene Regeln berücksichtigt werden. Deshalb hier einige Empfehlungen:

- Es ist am vorteilhaftesten, wenn die Schüler in einer Runde sitzen und sich gegenseitig anblicken können.
- Der Lehrer nimmt ebenfalls in dieser Runde Platz, verzichtet darauf, zu lehren, und übernimmt die Rolle eines Moderators.
- Wenn geredet wird, geschieht dies unter Einhaltung einer bestimmten Disziplin:
  - Niemand fällt niemandem in die Rede – dies gilt im Normalfall auch für den Lehrer.
  - Alle hören zu, wenn jemand spricht.
  - Antworten und neue Argumente beziehen sich auf das zuvor Gesagte bzw. bauen darauf auf.
  - Die Gesprächsrunde bemüht sich, eine konstruktive Linie zu verfolgen.
- Manchmal ist es nützlich, ja sogar notwendig, Schülern die Möglichkeit zu geben, sich auch manuell zu beschäftigen. In diesem Fall nimmt die Philosophie-

* Hinweis: Wenn im Folgenden von „dem Lehrer“ oder „der Lehrerin“ gesprochen wird, so sind selbstverständlich Sie, liebe Kollegin, und Sie, lieber Kollege, stets mit gemeint. Auch steht „der Schüler“ für Schülerinnen und Schüler.

runde am besten um einen großen Arbeitstisch Platz, auf dem Schreib- und Zeichenmaterialien bereitliegen. Dies gibt den Schülern die Möglichkeit, – auch gezeichnete – Notizen zu machen oder aber auch bloß ihre Nervosität abzureagieren.

- Ganz prinzipiell erfolgt die Diskussion im gegenseitigem Respekt, was auch bedeutet, dass niemand als dumm oder unwissend dargestellt wird.
- Der Lehrer unterlässt es, den Schülern seine persönliche Meinung aufzudrängen. Im Gegenteil: Er sorgt dafür, dass jeder Schüler in seinem Inneren die Möglichkeit behält, eigene Haltungen aufzubauen, die dann auch dazu beitragen, seine Persönlichkeit weiterzubilden.

Die Unterrichtseinheiten in diesem Band beinhalten Fragestellungen, die von den Schülern in einer gemeinsamen Besprechung behandelt werden sollen. Es handelt sich dabei um Fragen, deren Beantwortung notwendig ist, um das jeweilige Unterrichtsziel zu erreichen. Selbstverständlich steht es dem Lehrer frei, diese Fragen umzuformulieren, zu ergänzen oder ganz beiseite zu lassen, um das Unterrichtsziel auf einem anderen pädagogischen Weg zu erreichen.

In den Hinweisen zu den verschiedenen Unterrichtseinheiten findet man in diesem Band keine Zeitangaben, was vielleicht den Benutzer der bereits vorliegenden Ethikbände befremden wird, was aber zum Teil seine Erklärung im obigen Abschnitt findet. Diese Angaben wurden hier nach reiflicher Überlegung und Erprobung in der Praxis beiseite gelassen, da sie irreführend sein können: Philosophische Erörterungen mit Schülern lassen sich zeitlich nicht exakt programmieren, da sie einerseits vom Interesse der Schüler und andererseits von Fragestellungen, die themabezogen zusätzlich auftreten können, abhängig sind. Stattdessen geben wir bei der Beschreibung des Unterrichtsverlaufes gelegentlich Hinweise zur Zeitplanung.

Abschließend sei noch bemerkt, dass die Disziplin Philosophieren mit Kindern auf zweierlei Arten im Ethikunterricht genutzt werden kann:

Einerseits vermag sie sehr wohl als eigenständige Unterrichtsmethode zu bestehen und öffnet auf diese Weise den Schülern neue Perspektiven. Sie zeigt ihnen, dass auch sie schon in der Lage sind, über essenzielle Fragen nachzudenken und nach Antworten zu suchen, was ihrem Selbstgefühl und ihrer Selbstachtung sehr zuträglich ist.

Andererseits ist die Methode auch im regulären Ethikunterricht punktuell anwendbar, und zwar dann, wenn die übliche Analyse einer Situation dies entweder bloß zulässt oder aber dies sogar erfordert. Nämlich dann, wenn man einer Frage tiefer auf den Grund gehen will und die traditionelle Methode des Ethikunterrichts hier Grenzen setzt.

1.1 Meine Umgebung und ich

Unterrichtsplanung und -vorbereitung

Unterrichtsziel

Aller Schulanfang ist schwer, besonders, wenn es sich um das erste Schuljahr handelt. Aus der umsorgten und behüteten Welt daheim und der etwas verspielten Welt des Kindergartens und der Vorschule werden die Kinder herausgenommen und in die „richtige" Schule geschickt. Als Schüler werden sie dazu gedrängt, sich mit einer neuen Realität, der des Schulalltags, auseinander zu setzen. Deshalb ist die Versuchung groß, Zuflucht in Tagträumereien zu suchen, gewollt oder ungewollt.
Die Kinder sollen sich deshalb in dieser ersten Unterrichtseinheit mit der Frage beschäftigen, ob es einen Unterschied gibt zwischen der Wirklichkeit der Fantasie und der Wirklichkeit, welche man gemeinhin als Realität bezeichnet. So soll die Basis geschaffen werden, möglichst sachlich über die weiteren Themen nachdenken zu können, die in dem vorliegenden Band angeboten werden.
Die Kinder sollen sich außerdem im Rahmen ihrer altersgesetzten Möglichkeiten Gedanken über ihre Einwirkung auf die Realität anderer machen, d.h. über ihren Einfluss auf ihr Umfeld nachdenken.
Da dies die erste philosophische Unterrichtseinheit ist, sollten die Kinder sachte von einer konkreten Ausgangsbasis zu den ihrem Rahmen entsprechenden philosophischen Fragen gelenkt werden. Auch ist der rein philosophische Teil in dieser ersten Unterrichtseinheit proportional gering gehalten und er wurde so aufgebaut, dass die Unterrichtseinheit beliebig ausgebaut werden kann.

Bezugsrahmen

Die Unterrichtseinheit „Meine Umgebung und ich" ist die erste von drei Einheiten, die für die erste Klasse im Rahmen des Themas „Philosophieren mit Kindern" angeboten werden. Die Titel der beiden anderen Unterrichtseinheiten lauten „Was siehst du?" und „Wie ein Foto?".

Hilfsmittel

Vorbereitete Kopiervorlagen:
Arbeitsblatt 1: „Das Bild"
Arbeitsblatt 2: „Die Straße, in der Alex lebt"
Arbeitsblatt 3: „Der Spielplatz"
Arbeitsblatt 4: „Alex geht zum Bäcker"
Arbeitsblatt 5: „Hier wohnt Alex"
Arbeitsblatt 6: „Der bunte Vogel und du"

Weitere Materialien:
Malfarben

Verlauf der Unterrichtseinheit

Einstieg

Arbeitsblatt 1 wird verteilt. Die Kinder sehen sich das Bild an und beschreiben es kurz. Anschließend dürfen sie den Vogel bunt anmalen und ihre Arbeit gegebenenfalls zu Hause fertig stellen.

Verlauf der Unterrichtsstunde

Das zweite Arbeitsblatt („Die Straße, in der Alex lebt") wird verteilt.

Anmerkung: Es sollte gleich zu Anfang der semantischen Erschließung des Textes klargestellt werden, dass der Name Alex sowohl die Abkürzung für einen Jungennamen (Alexander) als auch für einen Mädchennamen (Alexandra oder Alexia) sein kann.

Nachdem die Kinder sich das Bild angesehen haben, wird der Text gelesen.
Dann werden folgende Fragen gemeinsam erarbeitet:

- Wie mag Alex sich wohl in dieser grauen Welt fühlen?

- Was bedeutet es hier, dass alles grau ist?
- Was wäre das Gegenteil von dieser grauen Welt?

Dieses Arbeitsblatt wird nicht farbig gemalt.

Anschließend wird Arbeitsblatt 3 („Der Spielplatz“) verteilt.
Der Text wird gelesen und kurz besprochen. Dabei wird die Rolle des bunten Vogels anhand folgender Fragen hervorgehoben:

- Wer fliegt auf Alex zu?
- Was bedeutet es, dass der Vogel nicht grau, sondern bunt ist?
- Was geschieht wohl, als der Vogel sich auf Alexchens Schulter setzt?
- Was bedeutet es, dass auch Alex bunt wird? Welche anderen Wörter kannst du dafür finden, dass Alex bunt ist? (Fröhlich, froh, lustig, glücklich …)
- Was glaubst du, was mit dem Spielplatz geschehen wird, wenn der bunte Vogel darüber fliegt?

Die Kinder dürfen nun ihre Malfarben zur Hand nehmen und ans Werk gehen.

Anschließend wird Arbeitsblatt Nummer 4 („Alex geht zum Bäcker“) verteilt und gelesen. Nachdem der Lehrer sichergestellt hat, dass die Kinder den Text und die Rolle des bunten Vogels verstanden haben, dürfen sie natürlich auch hier mit ihren Farben ans Werk gehen.

Arbeitsblatt 5 („Hier wohnt Alex“) bietet den Kindern Gelegenheit, der Geschichte eine eigene Note zu verleihen, indem sie eine ganz persönliche Fortsetzung entwerfen und sie im Bild festhalten. Hierzu sollte den Schülern ein wenig Zeit gegönnt werden, damit sie während des Malens in Ruhe über das Besprochene nachdenken und/oder dem Lehrer über den Fortgang der Geschichte berichten können.

Der Lehrer leitet nun die weitere, erstmals philosophische Fragestellung ein:

- Glaubt ihr, dass es den bunten Vogel nur in Alexchens Vorstellung, also nicht in der Wirklichkeit gibt?
- Was ist überhaupt die Wirklichkeit? (Hier wird der Begriff Wirklichkeit anhand der Dinge erarbeitet, die die Kinder in ihrer direkten Umgebung, also in ihrem Klassenzimmer, anfassen, sehen, riechen und eventuell schmecken können. Danach schließen die Kinder die Augen und „träumen“ von etwas Schönem. Ist dieses Träumen noch die Wirklichkeit?)
- Der bunte Vogel lebt in Alexchens Fantasie. Ist der bunte Vogel in diesem Fall auch Wirklichkeit?
- Worin besteht der Unterschied zwischen beiden Wirklichkeiten?
- Alex und der Vogel machen die Welt um sich herum fröhlicher. Zu welcher Wirklichkeit gehört diese Tatsache?
- Wenn du die Welt durch dein Einwirken fröhlicher machst, welche und wessen Wirklichkeit ist das dann?
- Hast du Einfluss auf deine Wirklichkeit?
- Hast du Einfluss auf die Wirklichkeit anderer?
- Hat jeder Mensch, auch ganz kleine Kinder, Einfluss auf die Wirklichkeit anderer?
- Glaubst du, dass es Menschen gibt, die mehr Einfluss auf die Wirklichkeit anderer haben als andere?

Das Gespräch muss hier kein Ende finden. Es wäre wünschenswert – wenn auch in dieser Altersstufe ungewöhnlich – wenn das Gespräch auf das Verantwortungsbewusstsein und einen gewissen Respekt vor dem Menschen als Individuum zusteuern würde. Aber wer weiß, vielleicht ist in der Klasse ja der eine oder andere kleine Philosoph, der seinen Mitschülern in einigem voraus ist!

Zum Abschluss wird Arbeitsblatt 6 verteilt. Es sollte vorher möglichst auf stärkeres Papier oder Karton kopiert werden, damit die Schüler es nach dem Malen ausschneiden und die Flügel des Vogels zurechtbiegen können. Nun ist die Geschichte für eine ganz persönliche, handlungsorientierte Fortsetzung offen.

Das Bild

Die Straße, in der Alex lebt

Die Straße, die Häuser, die Autos, der Himmel und die Bäume sind grau. Alles ist öde und grau.

Alex geht die Straße hinunter, allein.

Alex schaut zu den grauen Häusern und den grauen Bäumen auf.

Was meinst du: Wie fühlt sich Alex?

Der Spielplatz

Alex fühlt sich müde und einsam.

Alex geht weiter. Die lange, lange Straße hinunter.
Alex hat den Eindruck, dass die Straße nie enden wird.

Da kommt ein prächtiger, bunter Vogel angeflogen.
Er setzt sich auf Alex' Schulter und zwitschert ein fröhliches Lied.
Alex lacht vor Freude und wird so bunt wie der Vogel.

Alex läuft zum Spielplatz.
Der bunte Vogel bleibt auf Alex' Schulter sitzen und singt.

Alex setzt sich auf die Schaukel.
Der bunte Vogel breitet seine Flügel aus und fliegt über den Spielplatz.

Der ganze Spielplatz wird bunt.

Du darfst Alex und den Vogel anmalen.
Wenn du möchtest, darfst du dann den ganzen Spielplatz bunt machen.

Alex geht zum Bäcker

Alex hat Hunger und geht zum Bäcker.

Der bunte Vogel begleitet Alex.
Der Vogel setzt sich auf die Schulter der mürrischen Bäckersfrau.

Da lächelt die Bäckersfrau und summt ein Lied,
als sie das Brötchen in die Tüte packt.

Wenn du möchtest, darfst du die Bäckersfrau, den bunten Vogel und Alex anmalen.

Hier wohnt Alex

Der Vogel breitet seine Flügel aus und fliegt hoch zum Himmel.
Der Himmel wird bunt.

Der bunte Vogel fliegt weiter. Er fliegt zu Alex' Haus und setzt sich auf das Dach. Er wartet auf Alex.

Als Alex dann an der Haustür schellt, fliegt der Vogel vom Dach hinunter. Er setzt sich wieder auf Alex' Schulter und wartet darauf, dass sich die Tür öffnet.

Alex läuft ins Haus. Der bunte Vogel breitet seine Flügel aus und …

Du darfst nun malen, wohin der bunte Vogel fliegt und was er macht.

Der bunte Vogel und du

Schneide den Vogel aus und male ihn an.
Er soll dich überall dahin begleiten, wohin du es möchtest.

1.2 Was siehst du?

Unterrichtsplanung und -vorbereitung

Unterrichtsziel

Es besteht ein großer Unterschied zwischen einem flüchtigen Hinblicken und dem analytischen Betrachten.
Doch wer ernsthaft über etwas sinnieren oder reden will, sollte sich zuerst kundig machen.
Diese philosophisch-pädagogische Unterrichtseinheit setzt sich deshalb zum Ziel, die Schüler darauf hinzuweisen, wie einfach oder auch schwer es ist, die Dinge die man sieht, auch wirklich zu erkennen.

Bezugsrahmen

Die Unterrichtseinheit „Was siehst du?“ ist die zweite von drei Einheiten, die für die erste Klasse im Rahmen des Themas „Philosophieren mit Kindern“ angeboten werden. Die Titel der beiden anderen Unterrichtseinheiten lauten „Meine Umgebung und ich“ und „Wie ein Foto?“.
Die Unterrichtseinheit „Licht und Schatten“, die im zweiten Schuljahr behandelt wird, knüpft an diese Unterrichtseinheit an.

Hilfsmittel

Vorbereitete Kopiervorlagen:
Arbeitsblatt 1: „Was siehst du?“
Arbeitsblatt 2: „Was siehst du nun?“
Arbeitsblatt 3: „Die Lösung?“

Verlauf der Unterrichtseinheit

Einstieg

Die Kinder sitzen, wie in der Einführung erläutert, in einem Kreis. Das erste Arbeitsblatt wird ausgeteilt. Nachdem die Kinder sich das Bild einen Augenblick angesehen haben, beschreiben sie es möglichst genau.

Verlauf der Unterrichtsstunde

Nun denken die Kinder gemeinsam darüber nach, was das dargestellte Objekt sein könnte. Der Lehrer leitet das gemeinsame Nachdenken anfangs mit folgenden Fragen:

- Aus welchem Material wird das Gebilde wohl sein?
- Wie groß mag es sein?
- Glaubt ihr, dass es das Werk von Mensch(en), Tier(en) oder Naturgewalten ist?
- Wo könnte es sich befinden?

Nachdem sich die Kinder darüber Gedanken gemacht haben, wird Arbeitsblatt 2 („Was siehst du nun?“) verteilt. Die Kinder stellen auch zu diesem Bild ihre Hypothesen auf, welche beispielsweise lauten können: Das ist der Buchstabe O, eine Null, ein Kreis, ein Maulwurfshügel, ein geheimes Zeichen, jemand will Bäume pflanzen …

Der Lehrer stellt weiterführende Fragen:
- Kannst du dir völlig sicher sein, dass deine Antwort die richtige ist?
- Könnte es sich auch um etwas anderes handeln als du glaubst? Warum?
- Was hätte dich in die Irre führen können? (Hier sind Antworten möglich wie etwa „Weil es nur ein Bild ist.“, „Ich bin mir sicher, weil etwas anderes keinen Sinn macht.“, „Weil das Bild nicht ganz fertig gemalt ist.“, „Weil derjenige, der das Bild gemalt hat, es vielleicht extra so gemalt hat, damit ich etwas Falsches denke.“ oder „Wenn ich es in Wirklichkeit sehen könnte, wäre es einfach!“)

Anschließend wird Arbeitsblatt 3 („Die Lösung?“) verteilt. Nun ist es offensichtlich, dass es sich bei diesem Bild um einen Maulwurf in seinem Maulwurfshügel handelt. Nachdem das Bild beschrieben wurde, leitet der Lehrer zu den abschließenden Fragen über:

- ❍ Was gibt dir bei Bild 3 die Sicherheit, dass es sich um einen Maulwurfshügel handelt?
- ❍ Gibt dir das dritte Bild auch automatisch Sicherheit darüber, dass es sich bei den ersten beiden Bildern um Maulwurfshügel handelt? Begründe deine Antwort!
- ❍ Weiß man im täglichen Leben immer gleich auf Anhieb, um was es sich handelt, wenn man etwas sieht? Wie ist das bei Geräuschen, Gerüchen oder Gefühlen? (Zu dieser Frage kann der Lehrer seinen Schülern beispielsweise einige aufgenommene, schwer einzuordnende Geräusche vorspielen oder ein paar Fotos oder Bilder zeigen, welche dieses Phänomen verdeutlichen. Auch sollten die Schüler aus ihrem Erfahrungsschatz berichten. Hinweis: Diese Fragestellung wird im zweiten Schuljahr in der Unterrichtseinheit „Licht und Schatten“ weitergeführt.

Im Anschluss an dieses Unterrichtsgespräch zeigt der Lehrer den Kindern einige optische Täuschungen (siehe auch das Beispiel unten).
Hieraus ergibt sich ein Gespräch, das sich um die Frage „Kann man seinen Augen trauen?“ dreht und sich auf den Erfahrungsbereich der Schüler stützt (das in dieser Unterrichtseinheit Gesehene natürlich eingeschlossen).

Abschließend dürfen die Kinder die Arbeitsblätter farbig gestalten. Dies soll ihnen die Gelegenheit bieten, noch einmal über das Gesagte und Gehörte nachzudenken, gegebenenfalls Fragen zu stellen oder weitere Überlegungen mit dem Lehrer zu besprechen.

Was siehst du?

Was siehst du nun?

Die Lösung?

1.3 Wie ein Foto?

Unterrichtsplanung und -vorbereitung

Unterrichtsziel

Kinder und auch Erwachsene glauben allzu oft, alles richtig erkannt zu haben oder gar zu verstehen. Doch dem ist nicht so, und wer vorhat, über sich und die Welt nachzudenken, sollte sich dessen bewusst sein.
In dieser Unterrichtseinheit sollen die Schüler deshalb anhand von kindgemäßen Beispielen erfahren,

- dass das Bild, das sie von etwas zurückbehalten, nicht wie ein Foto der Realität entspricht, und
- dass das ungenaue Bild, das ein Mensch von der „objektiven“ Realität zurückbehält, nicht bei allen Menschen gleich ist, sondern variiert.

Bezugsrahmen

Die Unterrichtseinheit „Wie ein Foto?“ ist die letzte von drei Einheiten, die für die erste Klasse im Rahmen des Themas „Philosophieren mit Kindern“ angeboten werden. Die Titel der beiden anderen Unterrichtseinheiten lauten „Meine Umgebung und ich“ und „Was siehst du?“.

Hilfsmittel

Vorbereitete Kopiervorlagen:
Arbeitsblatt 1: „Ein Bild von einem Haus“
Arbeitsblatt 2: „Eine Geschichte von einem Haus“

Weitere Materialien:
Ein Zeichenblatt oder ein einfaches Blatt Papier im DIN-A4-Format, Malstifte

Verlauf der Unterrichtseinheit

Einstieg

Das erste Arbeitsblatt („Ein Bild von einem Haus“) wird verteilt. Die Kinder sehen sich das Bild genau an. Dann drehen sie das Blatt um und versuchen, das Haus so getreu wie möglich nachzumalen.

Verlauf der Unterrichtsstunde

Nachdem die Kinder ihre Arbeit beendet haben, vergleichen sie ihr Bild mit dem Original. Haben sie alle Details des Hauses wiedergegeben? Die Kinder werden feststellen, dass sie sich nicht an alle Einzelheiten des Bildes erinnern konnten und dass das innere Bild, das sie von der Vorlage zurückbehalten haben, nicht dem Original entspricht.

Nun erzählt der Lehrer seinen Schülern eine kleine Geschichte, die zum Bild passt (sie befindet sich auf dem zweiten Arbeitsblatt). Er trägt den Kindern auf, auf jedes Detail zu achten, um sich später auch daran erinnern zu können.

Nachdem die Kinder den Text nun kennen, stellt der Lehrer zunächst einige allgemeine Fragen zum Textverständnis. Dann kommt er zu solchen Fragen, die selbst das kleinste Detail betreffen. Ziel ist auch hier, den Kindern klar werden zu lassen, dass das, was sie von dem Gehörten zurückbehalten haben, nicht oder kaum dem vollen Textgehalt entspricht. Auch werden Kinder, die beispielsweise über ein sehr gutes visuelles Gedächtnis verfügen, vermutlich im auditiven Bereich mehr Schwierigkeiten haben und umgekehrt.

Die Kinder haben nun also die Erfahrung gemacht, dass ihre eigenen Erinnerungen und die ihrer Mitschüler nicht perfekt waren. Jetzt kann der Lehrer zum Unterrichtsgespräch überleiten:

- Als Erstes fragt er die Kinder, ob ihr Bild dem Original entsprochen hat, ob sie also kein Detail vergessen haben. Konnten sie das Bild so wiedergeben, als ob sie ein Foto davon gemacht hätten, mit allen Einzelheiten?
- Haben die Kinder noch jedes Detail der Geschichte im Gedächtnis? Haben sie manche Dinge abgewandelt oder vielleicht sogar einiges hinzugefügt?
- Können Menschen, die Erwachsenen natürlich mit einbezogen, sich also ein genaues Bild von ihrer Umgebung machen?
- Ist es möglich, dass ein Mensch, selbst wenn er mit der Nase davor steht, nicht alles sieht? Ist es möglich, dass ein Mensch nicht alles versteht, was er hört? (Das Wort „verstehen“ ist hier in seinen zwei Bedeutungen zu berücksichtigen.)
- Sind die inneren Bilder, die die Menschen sich von ihrer Umgebung oder von einem einzelnen Menschen machen, alle gleich? Warum nicht?
- Kann der Mensch dann davon ausgehen, dass das, was er über etwas denkt, immer absolut richtig ist? (Hier sollten die Kinder konkrete Beispiele geben. Zum Beispiel: Die ganze Klasse glaubt, dass der kleine Klaus die Farben von Peter gestohlen hat, weil jemand ihn mit der Hand in Peters Schulsack erwischt hat. Dann stellt sich aber heraus, dass Klaus nur ein Lineal zurückgeben wollte und Sandra die Farben an sich genommen hat.)

Falls genügend Zeit bleibt, dürfen die Kinder ihre Überlegungen in einem Bild festhalten. Der Lehrer kann einen kurzen Text hinzuschreiben, wenn die Kinder dies wünschen.

Ein Bild von einem Haus

Eine Geschichte von einem Haus

Peter wird sieben Jahre alt. Im Mai hat er Geburtstag.
Zu seinem Geburtstag hat er sich zuerst einen Hund gewünscht.
Doch seine Eltern hatten ihn vertröstet, denn Mama erwartet noch ein Baby.
Vielleicht kann er in zwei Jahren einen Hund bekommen.

So hat Peter sich eine Wippe gewünscht.
Er könnte dann mit seiner Schwester Anna oder dem Nachbarsjungen Holger spielen. Und wenn Felix, sein Freund, ihn besucht, könnten sie sogar „Stürmische See" auf der Wippe spielen.
Peter wohnt in einem großen Haus, das ungefähr 120 Jahre alt ist.
Sein Vater hat das Haus von einem Großonkel geerbt.
Peters Eltern wollten das Haus behalten, weil es einen so schönen, großen Garten hat.
Sie haben vieles neu gemacht und sind nun sehr stolz auf ihr schönes Haus.
Auch Peter und Anna gefällt das Haus sehr. Sie können herrlich im Garten spielen, weil es dort so viele Verstecke und große Bäume gibt.
Außerdem hat das Haus einen alten Dachboden, der sehr hoch ist. Hier stehen viele uralte Kisten.
Und ein wunderbar sonniges Spielzimmer gibt es im Haus auch.

2.1 Die Freiheit, einen Weg zu wählen

Unterrichtsplanung und -vorbereitung

Unterrichtsziel

Man kann sich durch das Leben treiben lassen oder man kann versuchen, sein Schicksal selbst in die Hand zu nehmen. Im Vorfeld zu dieser Entscheidung verbergen sich Überlegungen bezüglich der Vorbestimmung und der damit verbundenen Nichtverantwortung, der Selbstbestimmung und der Annahme von Verantwortung. Solche Überlegungen anzustellen, wäre in einer zweiten Klasse verfrüht, jedoch ist es möglich, gemeinsam darüber nachzudenken, ob

- es gut ist, große und kleine Ziele zu haben,
- es einen oder mehrere Wege gibt, ein Ziel zu erreichen,
- man wirklich immer frei ist, seinen eigenen Weg zu einem bestimmten Ziel zu suchen.

Bezugsrahmen

Die Unterrichtseinheit „Die Freiheit, einen Weg zu wählen" ist die erste von drei Einheiten, die für die zweite Klasse im Rahmen des Themas „Philosophieren mit Kindern" angeboten werden. Die Titel der beiden anderen Unterrichtseinheiten lauten „Licht und Schatten" und „Was wissen wir?".

Hilfsmittel

Vorbereitete Kopiervorlagen:

Arbeitsblatt 1:	„Alex will Toni besuchen"
Textbausteine 1:	„Alex bedenkt die verschiedenen Möglichkeiten"
Textbausteine 2:	„Wähle den Weg!"
Textbausteine 3:	„Bestimme den weiteren Weg!"
Textbausteine 4:	„Alex ist angekommen"

Weitere Materialien:
Schere und Papierkleber, weißes Papier im DIN-A4-Format und einige Wollknäuel mit verschiedenen Farben

Verlauf der Unterrichtseinheit

Einstieg

Der Lehrer liest, ohne weitere Erklärungen zu geben, das erste Arbeitsblatt („Alex will Toni besuchen") vor.
Die Abkürzungen Alex und Toni stehen sowohl für Jungen- als auch für Mädchennamen, damit die Kinder sich frei in die Figuren hineindenken können.

Verlauf der Unterrichtsstunde

Nachdem der Lehrer sichergestellt hat, dass jedes Kind den Text verstanden hat, erklärt er die nun folgende Aufgabe. Die Schüler sollen anhand der verschiedenen Textbausteine den Weg von Alex bestimmen. Dazu werden die Texte gemeinsam gelesen. Die Kinder können frei einen der drei Wege wählen, wobei sie auch wechseln dürfen. So ist beispielsweise ein Umsteigen vom Bus auf das Zu-Fuß-Gehen möglich.
Die Kinder sollen die gewählten „Wegabschnitte" jeweils ausschneiden und auf ein weißes Blatt Papier kleben. (Die Arbeitsblätter sind so aufgebaut, dass ein Blatt pro Schüler benötigt wird, um die ausgewählten Textbausteine aufzukleben.)

Den Kindern wird anschließend die Möglichkeit geboten, ihren Mitschülern den von ihnen gewählten Weg mitzuteilen.

Dann setzen die Kinder sich in einen Kreis und der Lehrer bringt folgende Punkte zur Sprache:

- Warum hat Alex den einen und nicht einen anderen Weg gewählt?
- Konnte Alex den Weg frei bestimmen?
- Hätte Alex die gleichen Möglichkeiten der Wahl gehabt, wenn die äußeren Umstände anders gewesen wären, wenn es beispielsweise geregnet hätte?
- Wären die Möglichkeiten der Wahl so vielfältig gewesen, wenn Alex zum Beispiel eine Verletzung am Bein gehabt hätte?
- Könnt ihr euren Schulweg selbst bestimmen? Wer bestimmt euren Schulweg? Und wenn ihr ihn selbst bestimmen dürft: Was trägt dazu bei, dass ihr diesen Weg und keinen anderen gewählt habt?
- Kann man den Begriff „Weg" auch anders verstehen? Denkt beispielsweise an das Wort „Lebensweg".
- Denkt ihr, dass die Erwachsenen immer frei entscheiden können, welchen Weg sie einschlagen, wenn sie ein Ziel erreichen möchten?
- Glaubt ihr, dass es unendlich viele Wege gibt, ein Ziel zu erreichen?
- Ist es wichtig, welchen Weg man wählt, um ein Ziel zu erreichen?
- Ist der Weg genauso wichtig wie das Ziel? Denkt dabei an das Ziel, eine gute Klassenarbeit zu schreiben.
- Wer bestimmt die Ziele, die ihr erreichen möchtet? Denkt dabei an kleine Ziele, wie beispielsweise eine gute Arbeit, und an große Ziele, wie etwa einen bestimmten Beruf zu erlernen.

Hier unterbricht der Lehrer die Diskussionsrunde. Er gibt einigen Schülern jeweils ein Knäuel Wolle (möglichst mit unterschiedlichen Farben) und trägt ihnen auf, vom Pult aus ein beliebiges Ziel im Klassenzimmer anzusteuern und dabei den Weg mit der Wolle zu kennzeichnen.
Nachdem die Kinder die verschiedenen Ziele erreicht haben, werden die Wollfäden festgebunden. Die Diskussionsrunde dreht sich nun um die Wahl des Zieles:

- Hat jedes Kind das gleiche Ziel angesteuert? Warum nicht?
- Kann man ganz allgemein zwischen kleinen und großen Zielen unterscheiden? Welche Beispiele könnt ihr nennen? (Beispielsweise einen guten Test schreiben, das Zimmer aufräumen oder aber selbst auf ein neues Skateboard sparen ...)
- Gibt es mehrere Möglichkeiten, ein Ziel zu erreichen? (Hier kann der Lehrer auf einen mit Wolle gekennzeichneten Weg verweisen.) Denkt dabei an das Ziel, eine gute Arbeit zu schreiben.
- Was ist wichtiger: der Weg, um das Ziel zu erreichen, oder das Ziel?
- Ist jeder Weg richtig, wenn man ein Ziel erreichen will?
- Gibt es Dinge, Menschen, Bestimmungen und Gesetze, welche die Wahl eines Weges einschränken?
- Du kannst dir sicher vorstellen, dass es in einem Menschenleben viele Ziele zu erreichen gibt. Ist es wichtig, die richtigen Ziele zu wählen?
- Kann sich jeder Mensch alle Ziele vornehmen? Denke dabei beispielsweise an einen Menschen, dessen körperlichen Fähigkeiten eingeschränkt sind!
- Ist es schön, Ziele vor Augen zu haben? Warum?
- Hat man manchmal Zweifel, ob der eingeschlagene Weg der richtige ist? Warum hat man wohl Zweifel? Ist es manchmal gut, alles wieder zu überdenken?
- Und weiter: Kann es auch vorkommen, dass man sein Ziel nicht erreicht oder gar nicht erreichen kann? Ist euch das schon vorgekommen? Wann?
- Wie habt ihr euch dabei gefühlt?
- Wie habt ihr reagiert? Habt ihr nach einer anderen Lösung gesucht oder aufgegeben?
- Hat man manchmal auch Zweifel, ob das Ziel, das man sich gesteckt hat – unabhängig davon, ob man es erreichen kann oder nicht – das richtige ist? Was kann man tun, wenn man erkennt, dass man sich in der Wahl seines Zieles geirrt hat?
- Wie denkt ihr: Wie fühlt sich ein Mensch, der keine Ziele mehr vor Augen hat?

Abschließend müssen die Kinder Zeit bekommen, das Gesagte und Gehörte zu überdenken. Hierzu sollten sie eine individuelle Arbeit über ein Ziel ihrer Wahl und den Weg dorthin erstellen. Es steht ihnen frei, eine kurze Erzählung oder ein Merkblatt zu schreiben oder aber ein Bild zu malen. Natürlich dürfen sie das Schreiben und Malen auch miteinander verbinden.

Alex will Toni besuchen

Es ist ein sonniger Sommertag. Die Kinder haben Schulferien.

Alex und Toni sind Freunde. In der Schule sind sie Banknachbarn.

Doch Alex und Toni wohnen nicht im gleichen Dorf.

Die Kinder der umliegenden Dörfer fahren alle mit dem Schulbus zur Schule. Das ist lustig. Doch in den Ferien fährt der Schulbus nicht. Wenn Alex also Toni besuchen möchte oder Toni zu Alex möchte, müssen sie ein bisschen Zeit für den Weg einplanen.

Aber eigentlich ist das kein Problem für die Kinder, denn es gibt verschiedene Möglichkeiten, von einem Dorf ins andere zu gelangen.

„Mama kann mich heute nicht fahren", denkt Alex. „Also bleiben mir drei Möglichkeiten, in Tonis Dorf zu kommen."

Doch erst einmal geht Alex in den Keller und nimmt zwei kleine Flaschen Apfelsaft vom Regal. „Es ist heiß heute", denkt Alex. „Ich bekomme unterwegs bestimmt Durst."

Jetzt muss Alex sich entscheiden.
„Ich kann mit dem Bus fahren,
durch den Wald laufen oder
die Straße entlanggehen", überlegt Alex laut.

Nun darfst du einen der drei Wege für Alex wählen. Schneide die Abschnitte, die du gewählt hast, aus und klebe sie untereinander auf ein schönes Blatt Papier!

Textbausteine 1

1. Alex bedenkt die verschiedenen Möglichkeiten

a) „Ich nehme den Bus um Viertel vor", überlegt Alex.
„Es ist zwar ziemlich heiß und stickig im Bus, doch dafür bin ich schon ganz früh bei Toni."

b) „Ich laufe durch den Wald", sagt Alex laut. „Im Wald ist es schön kühl und es ist abenteuerlich." Alex steht auf.
„Aber wenn ich mich an der Kreuzung mit dem vielen Gestrüpp verlaufe?", überlegt Alex. „Und unten am Bach muss ich die Schuhe ausziehen."

c) „Ich gehe die Straße entlang", beschließt Alex. „Da verlaufe ich mich garantiert nicht.
Und schön ist der Weg auch, wenn die Sonne scheint.
Dann kann ich sogar den Pferden auf der Koppel das alte Brot verfüttern!"

Textbausteine 2

2. Wähle den Weg!

a) Alex steigt in den Bus. Es riecht nach Dieseltreibstoff und altem Kunststoff. Alex setzt sich gleich neben die Tür. Es ist wirklich sehr heiß.
„Ich kann ja immer noch aussteigen und laufen", denkt Alex und wischt sich den Schweiß von der Stirn. „Ich habe ja eine Schülerkarte, also ist kein Geld verloren."

b) Alex steht an der Wegkreuzung mit dem vielen Gestrüpp und überlegt. Nichts verrät an dieser Wegkreuzung, welcher der drei Wege der richtige ist. Kein Schild, kein Baum, keine Hecke, keine Wegbiegung – nichts bietet einen Anhaltspunkt. „Man müsste einen Kompass haben", überlegt Alex und geht nach links.
„Ich kann ja immer noch zurückgehen!", denkt Alex.

c) Alex geht die Straße entlang. Die Sonne scheint. Die Grillen zirpen. Kein einziger Wagen kommt vorbei. „Es ist langweilig", denkt Alex.
„Und das Brot für die Pferde habe ich vergessen! Vielleicht gehe ich dahinten über die Wiese und dann durch den Wald. Ich könnte auch an der nächsten Haltestelle auf den Bus warten."

Textbausteine 3

3. Bestimme den weiteren Weg

a) Alex hat es sich im Bus gemütlich gemacht. Die Fenster sind geöffnet. Warme Luft streicht Alex über die Haut. Der Fahrer pfeift. Alex nimmt einen großen Schluck Saft.

b) Alex hat den richtigen Weg gewählt. Der Pfad führt zum Bach hinunter. Wie angenehm wird es sein, die Schuhe auszuziehen und mit den nackten Füßen durch den kühlen Bach zu waten! „Und am anderen Ufer werde ich eine Flasche Saft öffnen", beschließt Alex.

c) An der Straßenkreuzung setzt Alex sich gemütlich auf die Bank unter dem alten Baum und streckt die Beine aus. Alex nimmt eine Flasche Saft aus der Tasche und trinkt mit Genuss.

Textbausteine 4

4. Alex ist angekommen

a) Der Bus hält und Alex steigt aus. Es ist noch sehr früh. „Ob Toni schon vom Klavierunterricht zurück ist?", fragt sich Alex und schlendert gemütlich durchs Dorf. Schließlich erreicht Alex das Haus, in dem Toni wohnt, und klingelt voller Erwartung.

b) Das Dorf liegt gleich am Waldrand. Bis zu Tonis Haus ist es nicht mehr weit. Alex fühlt sich richtig glücklich. Ob Tonis Mutter heute einen Kuchen gebacken hat? Alex geht durch den Vorgarten auf das Haus zu und klingelt voller Erwartung.

c) Alex war länger unterwegs als erwartet, doch es gab so viele kleine Dinge zu sehen! „Vielleicht hat Tonis Mutter ein leckeres Eis im Kühlschrank!", freut sich Alex und geht durch den blühenden Vorgarten auf Tonis Haus zu. Alex klingelt voller Erwartung.

2.2 Licht und Schatten

Unterrichtsplanung und -vorbereitung

Unterrichtsziel

Kann man behaupten, dass es so viele Wahrheiten gibt wie Menschen, die sie sagen?
In dieser Unterrichtsstunde sollen die Kinder darüber nachdenken, ob es möglich ist, die Dinge und Menschen, die uns umgeben, in ihrer wahren Wirklichkeit zu erkennen. Erkennen wir die Welt, die uns umgibt, in ihrer ganzen Wirklichkeit oder hat jeder eine individuelle Vorstellung von der Wirklichkeit? Kann man also sagen, dass es nicht eine, sondern viele Wirklichkeiten und Wahrheiten gibt?

Bezugsrahmen

Die Unterrichtseinheit „Licht und Schatten" ist die zweite von drei Einheiten, die für die zweite Klasse im Rahmen des Themas „Philosophieren mit Kindern" angeboten werden. Die Titel der beiden anderen Unterrichtseinheiten lauten „Die Freiheit, einen Weg zu wählen" und „Was wissen wir?".
„Licht und Schatten" knüpft an die Unterrichtseinheit „Was siehst du" aus der ersten Klasse an.

Hilfsmittel

Vorbereitete Kopiervorlagen:
Arbeitsblatt 1: „Schatten"
Arbeitsblatt 2: „Die Schatten in der Höhle"

Weitere Materialien:
Ein Teddy, ein Plüschhäschen, eine kleine Pappschachtel, ein Buch, ein kleines und ein großes Rechteck, eine CD und eine Pappscheibe von der gleichen Größe wie die CD, eine Taschenlampe oder ein Projektor und ein helles Baumwolltuch oder Bettlaken; später benötigen die Kinder Papier und Malstifte.

Verlauf der Unterrichtseinheit

Einstieg

Der Lehrer leitet diese Unterrichtsstunde mit einem kleinen Schattenspiel ein. Hierzu wird ein großes Baumwolltuch oder ein Bettlaken aufgespannt. Hinter dem Tuch steht eine Lichtquelle, so, wie es beim Schattentheater üblich ist.

Während der Lehrer diverse Objekte in den Lichtstrahl hält, raten die Kinder, um was es sich jeweils handelt. In einer ersten Phase sollen die Objekte unterschiedliche, leicht zu identifizierende Schatten werfen, wie beispielsweise ein Teddy oder ein Plüschhase.
Anschließend hält der Lehrer solche Objekte in das Licht, deren Schattenbild ähnlich ist. Wichtig ist, dass die Gegenstände paarweise gezeigt werden, wie beispielsweise

- ein Buch und ein Rechteck von ähnlicher Größe,
- eine Pappschachtel und ein größenähnliches Rechteck,
- eine CD und eine Pappscheibe gleicher Größe.

Verlauf der Unterrichtsstunde

Nachdem die Kinder fleißig geraten und sich dabei auch oft geirrt haben, werden folgende Fragen gemeinsam besprochen:

- Warum kann man nicht immer erkennen, was sich hinter dem Tuch verbirgt?
- Zeigt der Schatten einen Gegenstand in seiner ganzen Wirklichkeit?
- Was zeigt der Schatten von einem Gegenstand?
- Können zwei verschiedene Gegenstände den gleichen Schatten haben?
- Sind sie deswegen auch gleich? (Hier kann der Lehrer zur Veranschaulichung die CD und die gleich große Scheibe noch einmal zeigen.)

Das erste Arbeitsblatt („Schatten“) dient dazu, das Erarbeitete individuell zu vertiefen.

Nachdem die Kinder dieses Arbeitsblatt bearbeitet haben, wird der zweite Teil des Blattes gemeinsam besprochen. Der Lehrer wirft hierbei folgende Fragen auf:

- ❍ Du hast erkannt, dass es sich um einen Hund handelt. Weißt du auch genau, um welchen Hund es sich handelt?
- ❍ Weißt du, welche Farbe der Hund hat?
- ❍ Weißt du, ob der Hund jung oder alt, gesund oder krank, gut gelaunt oder mürrisch ist?
- ❍ Weißt du mehr über diesen Hund, wenn du ihn auf einem Foto siehst?
- ❍ Was weißt du mehr, wenn der Hund vor dir steht und du ihn streicheln darfst?
- ❍ Wodurch kannst du noch mehr über den Hund erfahren?

Nun wird das zweite Arbeitsblatt („Die Schatten in der Höhle“) verteilt. Der Text wird vorgelesen und auf das Verständnis hin überprüft. Anschließend leitet der Lehrer zur philosophischen Diskussion über. Folgende Fragen werden gemeinsam besprochen:

- ❍ Erkennt man die Welt, die uns umgibt, immer so, wie sie ist? Denke dabei an eine brennende Kerze. Du weißt, dass die Flamme Licht und Wärme abgibt. Nun denke an einen Stein, der Wärme ausstrahlt. Weißt du, dass der Stein Wärme abgibt, wenn du ihn aus einer gewissen Entfernung siehst? Erkennst du es, wenn du den Stein auf einem Foto oder im Fernsehen siehst?
- ❍ Selbst wenn du einer Sache gleich einen Namen geben kannst und sehr viel über diese Sache weißt, – kannst du dann sicher sein, alles über diese Sache zu wissen? (Denke an die brennende Kerze.)
- ❍ Gibt es vielleicht Dinge, die man weder sehen, riechen, hören, schmecken noch fühlen kann, und die trotzdem existieren? (Denke dabei zum Beispiel an ein Handy oder an ein Radio. Wie werden die Gespräche und die Sendungen übertragen?)
- ❍ Zu Beginn des Unterrichts hast du den Schatten eines Teddys auf dem Tuch gesehen. Timo hat die Schatten seiner Freunde auf der Felswand gesehen. Konntest du erkennen, was und wer genau zu dem Schatten gehörte? Und wie war das bei Timo?
- ❍ Wäre es möglich, dass das, was du für die Wirklichkeit hältst, auch nur so etwas ist wie ein Schatten? Also ein ungenaues Bild von einer anderen Wirklichkeit?
- ❍ Wäre es also möglich, dass es mehrere, sogar viele Wirklichkeiten gibt?

Abschließend können die Kinder selbst ein Bild zu der Geschichte malen oder das Arbeitsblatt gestalten. Dabei sollen sie Gelegenheit haben, über das Gesagte nachzudenken, weitere Fragen aufzuwerfen oder einfach zu erzählen, was ihnen zu diesem Thema einfällt.

Schatten

Kannst du immer wissen, was sich wirklich hinter dem Tuch verbirgt? Falls du es nicht wissen kannst, schreibe einfach ein Fragezeichen an den Schatten!

Was kannst du an dem Schatten erkennen?

Kannst du erkennen, ob dieses Wesen jung oder alt ist? ☐ Ja ☐ Nein

Kannst du erkennen, ob es lieb oder mürrisch ist? ☐ Ja ☐ Nein

Kannst du erkennen, ob es fröhlich oder traurig ist? ☐ Ja ☐ Nein

Die Schatten in der Höhle

Timo ist mit seiner Kindergruppe übers Wochenende in die Berge zu den neun Höhlen gefahren. Die Kinder wohnen – zusammen mit anderen Kindergruppen – in einem großen, gemütlichen Haus.

Gleich am ersten Nachmittag hatten die verschiedenen Gruppen den umliegenden Wald und die Höhlen erkundet. Die Höhlen reichen bis zu zehn Meter weit in die Felsen hinein und sie eignen sich prima zum Spielen. Jede Gruppe hatte eine Höhle als ihr Haus gewählt und ein Schild am Höhleneingang aufgestellt.

Heute dürfen die Kinder bis zehn Uhr abends in den Höhlen bleiben. Sie haben ein Essenspaket mitbekommen und Süßigkeiten eingesteckt.

Timos Gruppe sitzt schon den ganzen Abend zusammen. Sie essen, reden und lachen. Und jetzt erzählen Thomas und Lena Gruselgeschichten. Die Kinder rücken dicht zusammen und teilen ihre Süßigkeiten untereinander.

Süßigkeiten machen Durst! Deshalb muss einer Getränke besorgen. Timo meldet sich freiwillig. Er will zum Haus gehen, um Wasser zu holen, und dann ganz schnell wieder zurückkommen. Schließlich möchte er so wenig wie möglich verpassen!

Während Timo unterwegs ist, machen seine Freunde es noch abenteuerlicher in ihrer Höhle. Am Nachmittag hatten sie etwas Kleinholz und trockenes Laub gesammelt. Nun zünden sie ein kleines Feuer in der Höhle an.

Als sich Timo auf den Rückweg macht, ist es schon sehr dunkel geworden. In der Ferne hört er Donner. Das Grollen ist ziemlich unheimlich.

Timo hat Mühe, die Höhle zu finden. In der Dunkelheit sieht alles anders aus. Timo hat ein bisschen Angst. Vorsichtig tastet er sich zum Eingang der Höhle. Das Schild kann er in der Dunkelheit nicht lesen.

Timo tritt in die Höhle. Seine Freunde kann er nicht sehen, denn der Höhlengang macht einige Biegungen, bevor er in den großen Raum mündet. Timo hört Stimmen. Aber alles klingt so fremd!

Langsam und vorsichtig geht er weiter. Endlich sieht er am Ende des Ganges den großen Raum und den Schein des Feuers. Gespenstisch flackern die Schatten von Menschen an der Höhlenwand.

Timo spürt, wie seine Knie zittern. Er versucht, sich zu beruhigen: „Ich bin doch in keinen Gruselfilm geraten! Dahinten sitzen meine Freunde! Sie sind fröhlich, haben Durst und warten auf mich.“

Doch kann Timo sicher sein, dass die Schatten, die er an der Wand sieht, auch wirklich die Schatten seiner Freunde sind? Schließlich hatte er in der Dunkelheit das Schild am Eingang nicht lesen können. Kann er also sicher sein, in der richtigen Höhle zu stehen? Was wäre, wenn diese Schatten gar nicht zu Kindern, sondern zu bösen Menschen gehörten?

In der Ferne grollt der Donner. Und an den Höhlenwänden tanzen die Schatten.

Timo steht wie angewurzelt da. Vielleicht kann er die Schatten zählen? Oder soll er besser zurückgehen?

Plötzlich steht einer der Schatten auf und kommt auf ihn zu!

„Felix?“, fragt Timo. Seine Stimme zittert dabei.

„Nein, Lena! He, Leute, da ist Timo!“

Die Schatten stehen auf und kommen plappernd und schnatternd auf Timo zu.

2.3 Was wissen wir?

Unterrichtsplanung und -vorbereitung

Unterrichtsziel

Gescheite und gebildete Menschen wissen um die Grenzen ihres Wissens, dumme nicht. Daher ist es wichtig, dass man vor und vor allem während des Philosophierens sein eigenes Wissen richtig einschätzen kann.
Machen wir uns also Gedanken

- über das Wissen im Allgemeinen,
- über die Grenzen des Wissens
- und über die nicht einschätzbare Weite des Wissens.

Bezugsrahmen

Die Unterrichtseinheit „Was wissen wir?“ ist die letzte von drei Einheiten, die für die zweite Klasse im Rahmen des Themas „Philosophieren mit Kindern“ angeboten werden. Die Titel der beiden anderen Unterrichtseinheiten lauten „Die Freiheit, einen Weg zu wählen“ und „Licht und Schatten“.

Hilfsmittel

Vorbereitete Kopiervorlagen:
Arbeitsblatt 1: „Sokrates“
Arbeitsblatt 2: „Tom weiß es“

Verlauf der Unterrichtseinheit

Einstieg

Das erste Arbeitsblatt („Sokrates“) wird verteilt. Die Kinder dürfen sich das Blatt zuerst einmal anschauen. Es wird ihnen eine Menge Fragen aufgeben, beispielsweise „Wer ist oder war Sokrates?“ oder „Warum weiß er nichts? Hat er denn nichts gelernt?“

Verlauf der Unterrichtsstunde

Deshalb erzählt der Lehrer den Kindern etwas über Sokrates und das Leben des Philosophen:
Sokrates lebte von 470 bis 399 vor unserer Zeitrechnung in Athen. (Athen kann dabei auf einer Landkarte oder auf dem Globus gezeigt werden.) Dort lehrte er Philosophie. Er hatte viele Schüler, denn er galt als sehr gescheiter, weiser Mann. Sokrates ist auch heute noch, mehr als 2000 Jahre später, ein sehr wichtiger und bekannter Philosoph. Sein Satz: „Ich weiß, dass ich nichts weiß“ ist wohl der bekannteste.
Falls die Kinder mehr wissen wollen, kann der Lehrer seine Erzählung gerne mit Details ausschmücken oder den Kindern Bilder vom Leben im alten Athen zeigen.
Auch sollten die Begriffe Philosophie („Liebe zur Weisheit“) und Philosoph („Freund der Weisheit“) kurz erklärt werden.

Nun dürfen die Kinder sich in einen Kreis setzen. Der Lehrer leitet die Fragerunde damit ein, dass er den Satz „Ich weiß, dass ich nichts weiß“ wiederholt und eine kurze Sprechpause einlegt.

Anschließend werden die folgenden Fragen besprochen:

- Ich habe euch ja nun von Sokrates erzählt. Glaubt ihr denn, dass Sokrates gar nichts wusste?
- Was glaubt ihr: Was hat Sokrates alles gewusst?
- Wusste er vielleicht mehr als die meisten Menschen?
- Wieso glaubt ihr das?
- Wieso sagte er dann, dass er nichts wisse? Meinte er damit, dass er gar nichts wisse?
- Gibt es überhaupt Lebewesen, die gar nichts wissen?
- Gibt es Menschen, die mehr wissen als andere?
- Gibt es Menschen, die alles wissen?

- ❍ Kann ein einziger Mensch alles wissen?
- ❍ Kann ein Mensch sich überhaupt vorstellen, was es alles zu wissen gäbe?
- ❍ Wie ist der Satz von Sokrates „Ich weiß, dass ich nichts weiß“ also zu verstehen? Würde ein dummer Mensch sagen: „Ich weiß, dass ich nichts weiß“?

Dieses Unterrichtsgespräch führt also hin zur Abstraktion und ist für die Kinder recht anstrengend. Daher sollte ihnen die Gelegenheit geboten werden, das Gesagte und Gehörte im Stillen zu überdenken und gegebenenfalls Rücksprache mit dem Lehrer zu halten. Deshalb wird ihnen Zeit gegeben, das Arbeitsblatt farbig zu malen.

Anschließend setzen sich die Kinder noch einmal zu einem Kreis zusammen. Der Lehrer nimmt das Unterrichtsgespräch wieder auf, um es zusammen mit den Kindern auszubauen. Die Thematik wird mit folgenden Fragen aufgegriffen:

- ❍ Weiß jeder etwas?
- ❍ Weiß jeder alles?
- ❍ Kann ein einziger Mensch alles wissen, was die Menschheit im Laufe der Zeit an Wissen angesammelt hat?
- ❍ Glaubt ihr, dass es noch mehr Wissen gibt, als das, was die Menschheit bis jetzt angesammelt hat?
- ❍ Trifft der Satz „Ich weiß, dass ich nichts weiß“ auf jeden Menschen zu?

An diesem Punkt der Diskussion angelangt, wird Arbeitsblatt 2 („Tom weiß es“) ausgeteilt und gelesen. Der Text hat das Ziel, das kognitive Wissen und das intuitiv-gefühlsmäßige Wissen gegenüberzustellen.
Nachdem der Text kurz auf das Verständnis hin geprüft wurde, werden gemeinsam Antworten auf folgende Fragen gesucht:

- ❍ Was weiß Tom?
- ❍ Was weiß Toms Mutter?
- ❍ Worin besteht der Unterschied zwischen dem Wissen der beiden?
- ❍ Ist eines der Wissen weniger „wahr“ als das andere?
- ❍ Welches Wissen ist für dich wichtiger?
- ❍ Welches Wissen ist beispielsweise in der Schule wichtiger?
- ❍ Gibt es vielleicht verschiedene Formen von Wissen?
- ❍ Wie ist es denn mit dem Wissen der Tiere?
- ❍ Kannst du dir vorstellen, worin der Unterschied zwischen dem Wissen einer Seeschnecke und dem eines Delfins besteht?
- ❍ Kannst du dir das Wissen einer anderen Art von Lebewesen wirklich vorstellen? Zum Beispiel das der Delfine?
- ❍ Hat Wissen auch etwas mit der Zeit zu tun?
- ❍ Gibt es das Wissen von früher und das Wissen von heute?
- ❍ Kannst du etwas über das Wissen von morgen wissen?

Abschließend setzen sich die Kinder an ihre Plätze zurück und dürfen nachbetrachtend etwas malen, das mit dem Besprochenen zusammenhängt.

Sokrates
„Ich weiß,
dass ich nichts weiß"

Tom weiß es

Tom hat ein flaues Gefühl im Magen, als er zusammen mit seiner Mutter vor der Haustür der Nachbarn steht.

„Ich glaube, etwas stimmt nicht. Es ist etwas geschehen!“, sagt Tom.

„Was soll denn schon geschehen sein?“, beruhigt ihn seine Mutter.
„Ich habe vor einer Stunde noch mit Oma Karin telefoniert.
Alles war in bester Ordnung und Opa Rolf freut sich, dass du ihn besuchst.“

Oma Karin und Opa Rolf sind Toms Nachbarn. Sie sind nicht wirklich Toms Großeltern, doch Tom mag Oma Karin und Opa Rolf so sehr, dass er sie zu seinen dritten Großeltern ernannt hat.

„Aber ich habe so ein Gefühl wie bei Angst“, sagt Tom.

Als Oma Karin die Tür öffnet, macht sie ein ganz besorgtes Gesicht und ist sehr blass.

Sie lächelt Tom traurig an und sagt: „Opa Rolf hat sich hingelegt. Er fühlt sich nicht wohl. Ich habe gerade den Arzt gerufen.“

3.1 In der Zeitmaschine

Unterrichtsplanung und -vorbereitung

Unterrichtsziel

Was wäre, wenn es die Zeit nicht gäbe? Und was wäre, wenn man sich frei in der Zeit vorwärts und rückwärts bewegen könnte? Solche Gedanken laden zum Philosophieren ein und werden von Schülern mit Freude als Thema angenommen.
Diese Einheit liefert Stoff nicht nur zum Fantasieren, zum Träumen und zum Philosophieren, sondern ist zugleich eine hervorragende Gelegenheit, die Intelligenz zu schulen.

Bezugsrahmen

Die Unterrichtseinheit „In der Zeitmaschine" ist die erste von drei Einheiten, die für die dritte Klasse im Rahmen des Themas „Philosophieren mit Kindern" angeboten werden. Die Titel der beiden anderen Unterrichtseinheiten lauten „Das Kissen, der Nagel und die Luft" und „Übersinnlich oder außersinnlich?".

Hilfsmittel

Vorbereitete Kopiervorlagen:
Arbeitsblatt 1: „Die Kreuzung"

Weitere Materialien:
Ein (alter) Wecker und verschiedene Fotos (der Inhalt ist beliebig)

Verlauf der Unterrichtseinheit

Einstieg

Der Lehrer packt umständlich einen möglichst alten, aber noch funktionsfähigen Wecker aus, zieht ihn auf und stellt ihn so ein, dass er nach etwa fünf Minuten klingeln wird.

Die Schüler werden ihm interessiert zusehen und wahrscheinlich fragen, welche Absichten er mit seinen ungewohnten Hantierungen verfolgt. Der Lehrer erklärt, dass er ein Experiment durchführen wolle, schließt das Thema Wecker vorübergehend ab und beginnt eine Diskussion mit seinen Schülern.

Verlauf der Unterrichtsstunde

Mit Fragen wie „Was zeigt uns eine Armbanduhr?" oder „Wie lange bleiben wir heute in der Schule?" führt der Lehrer zum Begriff „Zeit".
Einige Beispiele werden angeführt, die mit Zeitangaben verbunden sind: der Schulrhythmus, Busfahrpläne, Essenszeiten, ...

Dann klingelt der Wecker.
Nun kommt der Lehrer zurück zu seinem Experiment: „In den letzten fünf Minuten haben wir über folgende Themen gesprochen (der Lehrer fasst sie kurz zusammen), dann hat der Wecker geläutet. Aber in diesen Minuten ist mehr geschehen als das: Wir haben uns bewegt, geatmet, hin- und hergeschaut, aus dem Fenster geguckt, draußen sind Vögel vorbeigeflogen, Autos und Lastwagen sind auf der Straße vorbeigefahren, Leute sind vorbeigegangen usw. usf. Meine Frage an euch: Ist es möglich, die letzten fünf Minuten noch einmal genau so zu wiederholen, wie sie waren, mit allem Drumherum? Können wir diese fünf Minuten wiederherstellen und noch einmal ablaufen lassen?"
Die Klasse wird zu dem Schluss kommen, dass dies ein unmögliches Unterfangen ist.

Bevor er nun in das eigentliche Thema einsteigt, vergewissert sich der Lehrer, dass die Schüler sich aller notwendigen Details bewusst sind, und fragt sie: „Mit welchen Instrumenten wird die Zeit gemessen?" Nachdem dann, wenn nötig, kurz über Uhren, Stunden, Minuten und Sekunden gesprochen worden ist, werden die Begriffe Länge, Breite und Höhe vertieft: „In welche Richtung oder Richtungen haben sich die Autos und Lastwagen bewegt?“ Aus den Begriffen vorwärts, rückwärts, links und rechts werden die Dimensionen Länge und Breite erarbeitet. Der Lehrer erklärt den Schülern, dass man von der Länge sagt, dass sie eine Dimension ist, und dass es sich ebenso mit der Breite verhält. Die Schüler suchen weitere Beispiele von Bewegungen, wobei sie jedes Mal angeben müssen, um welche Dimension es sich handelt. Dabei wird ganz natürlich die Höhe zur Sprache kommen. Sollte das nicht der Fall sein, kommt der Lehrer auf die Vögel zurück, die vorbeigeflogen sind. Dann werden Beispiele gesucht, in denen Bewegungen in den drei jetzt bekannten Dimensionen vorkommen.

Nun stellt der Lehrer die Frage: „Aber was wäre, wenn es keine Zeit gäbe? Könnten Vögel, Menschen und Autos sich dann auch noch in den drei Dimensionen Länge, Breite und Höhe bewegen?“
Die Kinder werden allerlei Überlegungen anstellen und erfahrungsgemäß zu dem Schluss kommen, dass ohne die Zeit kein Bewegen in der Länge, der Breite und der Höhe möglich ist. Daraufhin stellt der Lehrer fest, dass die Zeit eben die vierte Dimension ist, und fordert verschiedene Schüler auf, die vier Dimensionen laut aufzuzählen.

Jetzt erst teilt der Lehrer jedem Schüler eine Kopie des Textes „Die Kreuzung“ aus.
Dieser Lesetext wird – im Gegensatz zu verschiedenen anderen Lesestücken – gemeinsam und laut gelesen, wobei der Lehrer die Mimik der Schüler im Auge behält und eingreift, wenn er erkennt, dass ein Schüler der Erzählung nicht ganz zu folgen vermag. Eventuell kann die Schülergruppe eine Übersichtskarte skizzieren und die Fahrstrecke des Fahrrads sowie den Kollisionspunkt eintragen.

Der Textinhalt wird besprochen:
- ❍ Handelt es sich um ein wahres Geschehen?
- ❍ Wieso stößt Hannah mit Hannah zusammen?
- ❍ Welche Erklärung findet Hannah für den Zusammenstoß?
- ❍ Ist es denkbar, dass die Zeit stehen bleibt?
- ❍ Ist den Schülern ein Fall bekannt, bei dem die Zeit stehen geblieben ist?
- ❍ Hannah überlegt: In welche Richtungen oder Dimensionen kann sie sich auf ihrem Fahrrad bewegen? Welche drei Dimensionen sind das?
- ❍ Hannah stellt fest: Damit ein Mensch sich in den drei Dimensionen Länge, Breite und Höhe bewegen kann, braucht es noch eine vierte Dimension. Welche ist das?
- ❍ Ist diese vierte Dimension vergleichbar mit den drei anderen? Was unterscheidet sie von ihnen?

Nun wird gemeinsam nachgedacht:
- ❍ Wenn man die Zeit anhalten könnte, was würde dann jetzt und hier in der Klasse geschehen?
- ❍ Angenommen, es wäre möglich, die Zeit um eine Stunde zurückzudrehen, wie sähe es dann im Klassenzimmer aus?

In vielen Ländern der Welt wird die Uhr einmal im Jahr um eine Stunde vor- und einmal im Jahr um eine Stunde zurückgestellt (Sommerzeit und Winterzeit):
- ❍ Was ändert das?
- ❍ Wird dadurch die wirkliche Zeit verändert?
- ❍ Durch welche Gestirne wird die Zeit in Wirklichkeit bestimmt?
- ❍ Können die Menschen etwas an dieser Bestimmung durch Sonne, Erde und Mond ändern?

Der Lehrer fordert die Schüler auf, den Arbeitstisch oder ein großes Blatt Papier mit Hilfe einer Linie – gedacht oder gezeichnet – in zwei gleich große Flächen zu teilen. Dann sollen die Schüler sich vorstellen, dass auf jeder der beiden Flächen Menschen, Tiere und Pflanzen leben. Dann wird nachgedacht:
- ❍ Was geschieht, wenn auf der einen Fläche die Zeit stehen bleibt und auf der anderen Seite nicht?
- ❍ Können die Menschen nun noch von der einen Seite auf die andere gehen?
- ❍ Können die Tiere es?
- ❍ Kann man die Pflanzen von der einen Seite auf die andere tragen?
- ❍ Menschen, Tiere und Pflanzen haben also eines gemeinsam: die Zeit. Was haben

sie außerdem noch gemeinsam? Das Leben?

- Kann es ein Leben ohne Zeit geben? Kann es ein Leben ohne die anderen drei Dimensionen geben?
- Manchmal sagt man verächtlich: Bei denen ist die Zeit stehen geblieben. Was ist damit gemeint? Ist die Zeit wirklich stehen geblieben?

Die Menschen haben sich seit jeher gewünscht, mit Hilfe einer Zeitmaschine in der Zeit herumreisen zu können, in die Vergangenheit und in die Zukunft. Kann dieser Wunsch in Erfüllung gehen?
Menschen, Tiere und Pflanzen können sich in den Dimensionen Länge, Breite und Höhe bewegen. Da wir sagen, die Zeit ist auch eine Dimension, müssten wir uns doch auch in der Zeit bewegen können, oder etwa nicht? Was stimmt nicht an dieser Überlegung?
Können Menschen in die Zukunft reisen? Gibt es die Zukunft schon? Kann man an einen Ort reisen, den es noch nicht gibt?
Aber wir haben ja eben festgestellt, dass die Zeit als Dimension anders funktioniert als die drei anderen Dimensionen: Vielleicht kann man ja doch in die Zukunft, die es noch nicht gibt, reisen?

Die Vergangenheit gibt es aber ganz gewiss. Also müsste man doch mit Hilfe einer Zeitmaschine in die Vergangenheit reisen können?
Was würde man da alles erleben können?
Wenn Menschen von heute in die Vergangenheit reisen würden, müsste man ja heute in den Geschichtsbüchern nachlesen können, dass diese Zeitreisenden damals aufgetaucht sind. Aber erzählen die Geschichtsbücher von solchen Vorkommnissen?

Es gibt aber noch eine andere Überlegung, die man im Zusammenhang mit einer Reise in die Vergangenheit anstellen muss:
Es stimmt, dass es die Vergangenheit gibt – doch heute besteht sie nicht mehr (sie ist vergangen). Kann ein Mensch nun trotzdem (vorausgesetzt, eine Zeitmaschine ermöglicht es) in die Vergangenheit reisen?
Müsste in diesem Fall nicht die Zeit stehen geblieben sein, so wie in der Erzählung mit Hannah?
Wenn die Zeit jedoch stehen geblieben wäre, gäbe es uns dann heute so wie wir sind? Wäre die ganze Welt nicht anders?

Dann kommt der Lehrer auch auf die Wahrsagerei zu sprechen:
„Es gibt Menschen, die von sich behaupten, in die Zukunft sehen zu können." Wie lautet die Meinung der Schüler hierzu?
Angenommen, ein Wahrsager oder eine Wahrsagerin behauptet, dass jemand in Kürze im Lotto gewinnt und sehr reich sein wird. Wie wird der Betroffene sich verhalten?
Was ist, wenn der Wahrsager oder die Wahrsagerin behauptet, die Zahlen voraussehen zu können, die bei der nächsten Ziehung gewinnen werden? Wieso ist er oder sie dann nicht selber steinreich?

Ein weiteres Beispiel soll untersucht werden: Ein Wahrsager oder eine Wahrsagerin sagt voraus, dass eine bestimmte Person auf der Straße Weißnichtwiesieheißt um sechzehn Uhr von einem Lastwagen überfahren werden wird. Wird diese Person dann noch um sechzehn Uhr über diese Straße gehen? Wahrscheinlich nicht. Aber dann stimmte die Wahrsagung auch nicht!

Schließlich bringt der Lehrer einen ganz neuen Aspekt zur Sprache: „Es gibt ein Mittel, um Augenblicke festzuhalten."
Die Schüler werden nicht lange brauchen, um zu erraten, dass er von der Fotografie spricht.
Der Lehrer legt daraufhin verschiedene Fotos vor den Schülern aus, sodass jeder sie sehen kann. Diese und auch alle anderen Fotos haben einen Augenblick in der Vergangenheit festgehalten. Ist das, was man auf den Fotos sieht, jetzt, in diesem Augenblick, noch genau so, wie es auf den Bildern dargestellt ist? Was hat es verändert? Ist es möglich, nach einer gewissen Zeit noch einmal haargenau dasselbe Foto mit demselben Inhalt zu machen? Warum nicht?
Wenn man Gegenstände fotografiert, die sich rein äußerlich nicht verändert haben, können zwei Fotos, die in einem bestimmten zeitlichen Abstand geschossen wurden, identisch aussehen. Aber sind sie es wirklich?

Zum Abschluss stellt der Lehrer noch eine letzte Frage: „Was wären die Menschen und auch die anderen Lebewesen ohne die Zeit?"

Die Kreuzung

Hannah hatte einen Traum.

Sie träumte, sie sei mit ihrem neuen Fahrrad unterwegs.

Ein bisschen verträumt fuhr sie die Straße hinunter, bis zur Kreuzung. Hier nahm sie ihre Gedanken zusammen und passte gut auf. Sie musste nach links abbiegen und nachdem sie die Kreuzung vorsichtig überquert hatte, radelte sie schnell weiter. Sie hatte fast zu gut aufgepasst, denn sie wusste aus Erfahrung, dass auf den Straßen, auf denen sie mit dem Rad fahren durfte, fast nie ein Auto vorbeikam. Aber natürlich gab sie lieber etwas zu viel Acht als einmal zu wenig.

Es war warm und Hannah öffnete die obersten Knöpfe ihrer Jacke.

Gemütlich ließ sie das Rad weiter in Richtung Felder rollen, kam in den kleinen Wald, wo es etwas Schatten gab, durchquerte einen kleinen Tunnel und fuhr dann über verschiedene Feldwege. Sie hatte einen großen Bogen gemacht und kam wieder auf eine der Straßen, die zur Kreuzung führten.

Hannah wollte nach Hause und wieder musste sie links abbiegen.

Die Sonne schien ihr nun direkt in die Augen und sie musste blinzeln, um etwas zu sehen. Und so näherte sie sich halb geblendet der Kreuzung. Wieder gab sie gut Acht. Da sie nichts erkennen konnte und auch keine Autogeräusche hörte, fuhr sie vorsichtig in die Kreuzung hinein.

Plötzlich krachte es fürchterlich und sie spürte einen scharfen Schmerz in der linken Hand. Dann flog sie auch schon über den Lenker und schlug auf dem Boden auf.

Das Fahrrad rutschte noch ein Stück über die Straße, dann herrschte Ruhe.

Aber es war keine gewöhnliche Ruhe. Es war, als gäbe es keine Töne und keine Laute mehr. Hannah wusste nicht, wie lange es schon so still war. Vielleicht dauerte diese unheimliche Stille schon sehr lange und sie hatte es bloß nicht bemerkt?

Hannah tastete ihre Arme und Beine und schließlich ihren Kopf ab. Es war noch alles da und schien auch in Ordnung zu sein. Nur die Hand schmerzte. Aber sie konnte sie noch bewegen. Und die Finger auch. Es konnte also kein sehr schlimmer Unfall gewesen sein.

Hannah rappelte sich auf und hielt Ausschau nach ihrem Fahrrad. Es lag auf der Seite und schien nicht sehr beschädigt zu sein. Sie fasste es am Lenker und am Sattel und stellte es auf die Räder. Und wieder fiel ihr auf, dass sie nicht das geringste Geräusch hörte. Ob sie plötzlich taub geworden war?

Hannah fühlte, dass etwas ganz anders als gewohnt war. Eine Gänsehaut lief ihr den Rücken hinunter und dann wieder hinauf. Hannah erschauderte. Langsam drehte sie sich um.

Und da sah sie das Mädchen!

Das Mädchen sah genauso aus wie sie, trug dieselben Sachen und bewegte sich so wie sie.

Und dann das Fahrrad! Es war haargenau dasselbe Fahrrad wie sie, Hannah, es hatte!

Und dann drehte das Mädchen sich um und blickte Hannah in die Augen. Hannah dachte, sie müsste ohnmächtig oder sonst was werden! Das war ja sie, sie selber, sie, Hannah!

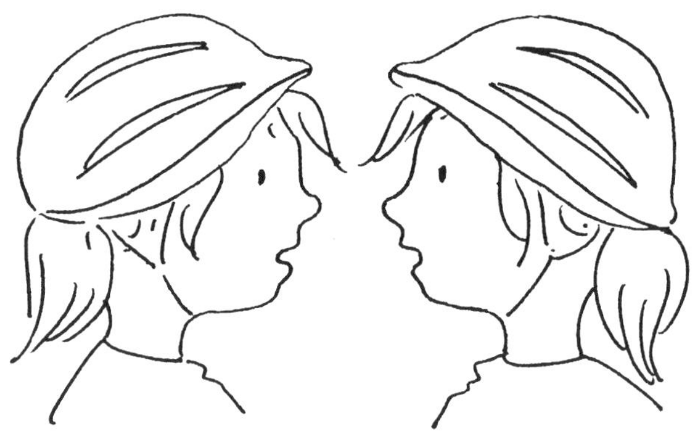

Hannah stand da und starrte Hannah an.

Wie war das möglich? Sie konnte doch nicht zweimal da sein! Und doch: Sie war zweimal da! Obwohl es sie doch nur einmal gab!

Hannah drehte sich um und blickte auf ihr Fahrrad. So, als ob es ihr eine Erklärung geben könnte. Und noch immer diese Stille ... Hannah drückte auf die Klingel. Und die tat, was sie tun sollte: Sie klingelte. Hannah erschrak, denn nun zwitscherten plötzlich auch die Vögel wieder und in der Ferne bellte ein Hund. Hannah schaute in die Höhe und sah, wie ein Spatz von einem Baum zu einem anderen schwirrte. Hannah drehte sich um und wollte etwas zu Hannah sagen.

Aber die hatte sich bereits auf ihr Fahrrad geschwungen und radelte die Straße entlang, auf der Hannah vor einiger Zeit selbst gefahren war. Es schien der anderen Hannah etwas warm zu sein, denn sie öffnete die obersten Knöpfe ihrer Jacke.

Erneut lief Hannah eine Gänsehaut den Rücken hinunter und sie musste sich schütteln.

Sie konnte sich die Begegnung nicht erklären.

Wie konnte es möglich sein, dass sie sich selbst begegnete? Sie war doch das erste Mal, als sie über die Kreuzung fuhr, weitergefahren! Sie war nicht stehen geblieben. Und selbst wenn, dann konnte sie doch nicht da sein, als sie das zweite Mal über die Kreuzung fuhr!

Nein, das war unmöglich! So etwas wäre höchstens möglich gewesen, wenn ... Ja, wenn!

Hannah wäre fast ein zweites Mal vom Fahrrad gefallen, als ihr plötzlich klar wurde, was geschehen sein musste. Natürlich, das war es! Die Zeit war stehen geblieben! Sie war stehen geblieben, als Hannah das erste Mal über die Kreuzung fuhr. Und so begegnete sie sich selber, als sie das zweite Mal dort auftauchte!

Die Zeit! Was ist das, die Zeit? Hannah dachte nach und versuchte, eine Erklärung für den Begriff „die Zeit" zu finden. Irgendetwas musste die Zeit ja wohl mit Bewegung zu tun haben. Sonst wäre Hannah nicht in Hannah geknallt, als die Zeit stehen geblieben war.

Bewegung? Sich bewegen? Sie konnte sich auf ihrem Fahrrad vorwärts und zur Seite bewegen, also in der Länge und in der Breite. Sie konnte einen Berg hinauffahren und auch wieder hinunter. Dann bewegte sie sich in der Höhe.

Aber alles geriet durcheinander, wenn die Zeit ihr einen Streich spielte und stehen blieb. Dann würde sich Hannah selbst im Wege stehen. Man brauchte also die Zeit, um Fahrrad zu fahren.

„Hannah, es ist Zeit!"

Hannah rieb sich die Augen. Ihre Mutter stand neben dem Bett und wiederholte: „Es ist Zeit, du musst aufstehen!"

Die liebe Zeit! Hannah wusste nicht, ob sie sich freuen sollte oder nicht, dass es die Zeit überhaupt gab.

3.2 Das Kissen, der Nagel und die Luft

Unterrichtsplanung und -vorbereitung

Unterrichtsziel

In dieser Unterrichtseinheit geht es um Werte. Ein – zugegebenermaßen – etwas kurioses Beispiel aus dem wirklichen Leben ist Ausgangspunkt für eine philosophische Erörterung um die wahren Werte des Lebens.

Bezugsrahmen

Die Unterrichtseinheit „Das Kissen, der Nagel und die Luft“ ist die zweite von drei Einheiten, die für die dritte Klasse im Rahmen des Themas „Philosophieren mit Kindern“ angeboten werden. Die Titel der beiden anderen Unterrichtseinheiten lauten „In der Zeitmaschine“ und „Übersinnlich oder außersinnlich?“.

Hilfsmittel

Vorbereitete Kopiervorlagen:
Arbeitsblatt 1: „Vor Gericht“

Verlauf der Unterrichtseinheit

Einstieg

Ohne weitere Einleitung reicht der Lehrer jedem einzelnen Schüler eine Kopie des Textes „Vor Gericht“. Er sagt den Kindern, dass sie den Text jeder für sich in aller Ruhe durchlesen und sich eine Meinung bilden sollen. Er sagt nicht, worüber genau sie sich eine Meinung bilden sollen, sondern lässt dies offen.

Verlauf der Unterrichtsstunde

Erfahrungsgemäß werden sich die Schüler nach dem Lesen eher negativ über die alte Dame äußern und ihr auch die meiste Beachtung schenken. Dem Lehrer wird sich eine günstige Gelegenheit bieten, seinen Wortschatz um entsprechende Schülerausdrücke zu erweitern und zu Hause seine eigenen Kinder damit tief zu beeindrucken.
In der Schule aber wird er zuerst einmal die Haltung der Schüler gegenüber der alten Dame analysieren:

- ❍ Wieso verlässt die Frau das Gericht, ohne auf einen Richterspruch zu warten?
- ❍ Was hatte sie erreichen wollen?
- ❍ Warum war sie vor Gericht gezogen?
- ❍ Wegen etwas Luft? Warum war eben diese Luft so wichtig für sie?

Die Schüler sollen zu der Erkenntnis gebracht werden, dass es die Liebe zu ihrem verstorbenen Mann war, die die Luft im Kissen so wertvoll für sie machte. Um dem Ganzen die richtige Wertstellung zu geben, kann der Lehrer an dieser Stelle den Schülern bestätigen, dass die Erzählung auf einer realen Gegebenheit beruht, die sich im Jahr 2002 in Frankreich zugetragen hat.

- ❍ Was ist Liebe? Welche Arten von Liebe gibt es? Wer empfindet Liebe?
- ❍ Wie viel ist den Schülern die Liebe ihrer Eltern wert? Was mag die Liebe der Kinder zu ihren Eltern diesen bedeuten?
- ❍ Ob Tiere wohl auch lieben können? Und Pflanzen?
- ❍ Kann ein Kind einen Gegenstand lieben? Kann dieser die Liebe erwidern?
- ❍ Wie wichtig ist die Liebe im Leben eines Menschen? Eines Tieres? Einer Pflanze?
- ❍ Kann man Liebe kaufen?

Der Lehrer leitet nun zu anderen nichtmateriellen Werten über: Was kann man sich ebenfalls nicht kaufen? Andere Gefühle?

Beispiele werden aufgezählt und besprochen.
Der Lehrer hält fest: „All diese Gefühle kann man nicht mit Händen fassen, man kann sie nicht sehen und nicht riechen. Man kann sie nicht einmal essen. Man kann sie nicht kaufen und auch nicht verkaufen. Und trotzdem scheinen sie uns so wichtig zu sein. Warum?"

Lehrer und Schüler untersuchen nun, inwiefern positive Gefühle zum Glück beitragen. Können umgekehrt negative Gefühle wie Hass und Wut dieses Glück stören und einen Menschen unglücklich machen?

Nachdem dies besprochen wurde, lenkt der Lehrer die Rede auf die materiellen Werte. Welche materiellen Werte oder Gegenstände kennen die Schüler?
Hier werden die Kinder mit großer Begeisterung von mehr oder weniger edlen Steinen erzählen, von ebensolchen Metallen und von ihrem Spielzeug. Vielleicht werden sie auch von teuren Autos und schönen Häusern mit Swimmingpool schwärmen.

Aber schon müssen sie wieder nachdenken:
- ❍ Was ist wichtiger im Leben eines Menschen – Glück oder Reichtum?
- ❍ Oder kann man beides haben?
- ❍ Muss man beides haben, um ein schönes, ein gutes Leben zu führen?
- ❍ Was gehört eigentlich zu einem guten Leben?
- ❍ Gehört auch der Beruf dazu?
- ❍ Wenn ja, sind Menschen ohne Beruf automatisch unglücklich?

Es gibt aber auch Menschen, die wollen gar nicht so leben wie die meisten. Sie wollen aus dem ganzen Zwang heraus, den das Leben in einer Gesellschaft mit sich bringt. Sie wollen aus der Gesellschaft aussteigen wie aus einem Zug. Und manche von ihnen schaffen das und werden glücklich. So gibt es Menschen, die segeln, nur mit dem Nötigsten versehen, in einem alten Boot um die Welt, arbeiten, wenn sie unbedingt Geld brauchen, und segeln dann weiter. Oft waren sie vorher angesehene und reiche Geschäftsleute oder erfolgreiche Manager.
Andere steigen auf ihr Fahrrad und radeln mehrere Jahre lang um die Welt. Und sind glücklich dabei. Ist das nicht auch ein gutes Leben?

Die Menschen- und insbesondere die Kinderrechte der UN sehen vor, dass nicht nur alle Menschen die gleichen Rechte vor dem Gesetz haben sollen, sondern auch ein Recht haben auf Erziehung und Schulausbildung, Gesundheit, ein Zuhause, …
Wenn diese Ansprüche erfüllt sind, führt man dann ein gutes Leben? Oder fehlt vielleicht noch etwas?

Später, wenn die Schüler groß sind und selber arbeiten gehen, werden sie sich vielleicht ein Haus bauen wollen oder eine Wohnung kaufen. Dabei werden sie sich die Frage stellen müssen, wie viel Geld sie in ihr Heim stecken wollen und auf welche Dinge sie mehr oder weniger verzichten müssen: schöne Kleider, gutes Essen, Ferien usw.

- ❍ Wenn sie heute entscheiden müssten, was würden sie beschließen?
- ❍ Was sind letzten Endes die wirklich wichtigen Dinge im Leben eines Menschen?
- ❍ Was ist wichtiger: die materiellen oder die nichtmateriellen Werte? Und wie ist das bei Pflanzen und Tieren?
- ❍ Soll sich der Mensch manchmal vielleicht an den Tieren und Pflanzen orientieren?

Und schließlich: Was also soll das Ziel im Leben eines Menschen sein? Was nehmen die Schüler sich als Lebensziel vor?

Vor Gericht

„Herr Richter, ich erstatte Anzeige gegen die Nationale Bahngesellschaft!"
Die alte Dame war sichtlich aufgeregt. Ihre Stimme zitterte vor Wut und Tränen des Zorns standen in ihren Augen. Bevor sie weitersprach, stapfte sie mit dem rechten Fuß auf den Boden des Gerichtssaals.
„Die Eisenbahn hat meinen Mann zum zweiten Mal getötet!"

Das Murmeln im Saal verstummte mit einem Schlag. Die Bahn hat jemanden getötet? Und auch noch zum zweiten Mal? Der Staatsanwalt legte leise sein Schreibzeug nieder, er wollte bloß kein Wort verpassen. Der Richter setzte sich gerade auf und blickte die alte Dame ernst an: „Habe ich richtig gehört? Ihr Mann wurde von der Eisenbahn getötet?" Und nach einer kurzen Pause fügte er hinzu: „Erzählen Sie bitte von Anfang an und der Reihe nach!"

Die alte Dame nahm sich zusammen und begann zu erzählen: „Ich fahre jeden Mittwoch und jeden Samstag in den Nachbarort auf den Markt. Da sind die Lebensmittel nämlich billiger und oft auch besser als bei uns. Es ist ja alles so teuer geworden. Und die Qualität ist auch nicht mehr das, was sie einmal war." Der Richter machte eine Bewegung mit der Hand. Die Dame sollte ihren Bericht fortsetzen und sich nicht in Nebensächlichkeiten verlieren.

„Also", fuhr die alte Dame fort, „ich fahre zweimal die Woche in den Nachbarort. Und zwar fahre ich mit dem Zug dorthin, immer mit dem Zug. Ich nehme immer den Zug um Viertel vor sieben und komme mit der Verbindung um zehn Uhr fünfunddreißig zurück. Dann bleibt mir genügend Zeit zum Kochen. Und ich setze mich auch immer auf denselben Platz. Der Zug ist ja ziemlich leer, deshalb geht das. Aber die Bänke im Zug! Steinhart, sage ich Ihnen, steinhart! Und das ist ja auch kein Wunder. Sie sind ja aus Holz, nicht gepolstert, nein, einfach nur blankes Holz! Und deshalb nehme ich auch immer mein Kissen mit. So sitze ich bequemer."

Der Richter, der befürchtete, sie würde wieder ausschweifen, unterbrach sie: „Würden Sie bitte zur Sache kommen!"

Die alte Dame starrte ihn an: „Ja, wie denn, wenn Sie mich dauernd unterbrechen?"

Der Staatsanwalt schmunzelte heimlich vor sich hin und bemerkte den erzürnten Blick des Richters nicht.

„Also", begann sie wieder, „also, ich fahre zweimal die Woche mit dem Zug in den Nachbarort. Und ich sitze immer auf demselben Platz auf meinem Kissen." Sie schaute den Richter herausfordernd an. Ob er es wagen würde, sie noch einmal zu unterbrechen?

„Und dann, am letzten Samstag ..."
Sie musste plötzlich weinen. „Am letzten Samstag, auf dem Weg dorthin, geschah es." Sie verlor die Fassung und weinte jetzt hemmungslos vor sich hin.

Der Richter empfand plötzlich tiefes Mitgefühl mit der alten Dame und wollte ihr helfen, wusste aber nicht, was er tun sollte. Deshalb gab er einem Polizisten, der zufälligerweise im Saal war, ein Zeichen, er solle ein Glas Wasser holen. Da dieser sich nicht auskannte, fragte er einen Anwalt, wo er ein Glas und einen Wasserhahn finden könne. Dieser wusste auch nicht Bescheid und fragte einen Kollegen. Schließlich zogen sie zu dritt los und kamen bald strahlend wieder. Sie hatten ein Glas Wasser dabei, das sie der alten Dame brachten. Diese schaute die drei erstaunt an, schnäuzte sich und lehnte dankend ab.

„Also", begann sie wieder, „also, ich setzte mich wie gewohnt auf mein Kissen. Und dann geschah es! Ich konnte es zuerst gar nicht fassen. Ich wusste zuerst gar nicht, was das Geräusch bedeutete. Aber dann spürte ich plötzlich das Holz der Bank durch das Kissen hindurch und da wusste ich, dass es geschehen war: Mein Kissen hatte die Luft verloren!"

Dem Richter blieb auch die Luft weg. Mühsam beherrscht blickte er die alte Dame an und sagte mit tonloser Stimme: „Sie wollten uns doch vom Tod Ihres Mannes berichten?" – „Ja, das tue ich ja!"
Sie stampfte wieder mit dem Fuß auf den Boden. „Das ist es doch, was ich Ihnen erzähle! Es war die Luft! Ja, die Luft war es! Verstehen Sie denn nicht? Die Luft!" Die alte Dame war wieder der Zorn in Person.

„Mein Kissen hat die Luft verloren. Und das ist die Schuld der Eisenbahn! Und ich verlange Schadenersatz, sehr hohen Schadenersatz! In der Bank war nämlich ein Nagel und der stand heraus. Und dieser Nagel gehört der Eisenbahn! Und dadurch ist die Luft entwichen!"

„Und was hat das mit ihrem Mann zu tun?" Die Stimme des Richters war jetzt eisig kalt geworden.

„Aber, aber, das war doch das Letzte, das mir von meinem Mann geblieben war! Er ist jetzt schon viele Jahre tot. Und immer habe ich das Kissen mit mir herumgetragen. Immer habe ich es bei mir gehabt. Und so hatte ich immer etwas von meinem Mann bei mir. Und nun ist alles weg. Nichts mehr bleibt mir von ihm!" Sie weinte wieder. Diesmal war sie nicht mehr wütend, sondern einfach nur traurig und hilflos. Der Richter schaute sie verständnislos und doch mitfühlend an.

„Hatte Ihr Mann Ihnen dieses Kissen geschenkt?", wollte er wissen. Seine Stimme klang wieder ganz menschlich.

„Das Kissen? Nein, nicht das Kissen." Die alte Dame weinte heftig. „Es war das, was drin war: die Luft! Kurz bevor mein Mann starb, hat er noch mit seinem Atem mein Kissen aufgeblasen. Es war sein Atem, der im Kissen war. Sozusagen sein letzter Atemzug. Und nun ist sein Atem weg. Niemand kann ihn mir wiederbringen!"

Der Richter schaute betreten drein, der Staatsanwalt auch. Konnten sie die Nationale Eisenbahngesellschaft dazu verurteilen, Schadenersatz für den letzten – nun verlorenen – Atemzug eines Verstorbenen zu bezahlen?

„Was haben Sie sich denn bei dem Schadenersatz so gedacht?", wollte der Richter wissen.

Die alte Dame schwieg lange. Dann richtete sie sich hoch auf, blickte dem Richter ins Gesicht und sprach: „Nichts, Herr Richter, nichts! Es war dumm von mir, zu Ihnen zu kommen. Es gibt eben Dinge im Leben, die haben einen Wert, der mit keinem Geld der Welt zu bezahlen ist. Und so ist das auch mit dem Atem meines Mannes. Er ist nicht zu bezahlen."

Ohne ein weiteres Wort drehte sie sich um und verließ den Gerichtssaal.

Aber auch, nachdem ihre Schritte im Korridor verhallt waren, herrschte noch lange Schweigen im Saal.

3.3 Übersinnlich oder außersinnlich?

Unterrichtsplanung und -vorbereitung

Unterrichtsziel

In der Philosophie taucht immer wieder die Frage nach dem Sinn des Lebens auf. Dazu gehören auch eine Standortbestimmung des Menschen und ein Inventar seines Wissens um alles Existierende. Außer seiner Intelligenz, seinen Gefühlen und Instinkten besitzt der Mensch noch seine Sinne, um seine Umwelt wahrzunehmen. Es ist daher verständlich, dass sich die Suche nach allem Existierenden auf das vom Menschen Wahrnehmbare konzentriert. Es stellt sich die Frage, ob dies ein vernünftiger Ausgangspunkt für das Forschen nach dem Sinn des Lebens ist oder ob die Suche nach möglichen Hinweisen oder wenigstens Ansatzpunkten nicht auch auf das nicht direkt Vorstellbare ausgedehnt werden sollte.
Diese Unterrichtseinheit setzt sich das Ziel, die Schüler auf kindgemäße Art auf diese Problematik aufmerksam zu machen und ihnen Wege zum Nachdenken aufzuzeigen.

Bezugsrahmen

Die Unterrichtseinheit „Übersinnlich oder außersinnlich" ist die letzte von drei Einheiten, die für die dritte Klasse im Rahmen des Themas „Philosophieren mit Kindern" angeboten werden. Die Titel der beiden anderen Unterrichtseinheiten lauten „In der Zeitmaschine" und „Das Kissen, der Nagel und die Luft".

Hilfsmittel

Philosophiertheke:
Vor dem eigentlichen Beginn der Unterrichtsstunde muss eine „Philosophiertheke" vorbereitet werden. Dazu wird ein langer Tisch benötigt, auf dem vier oder mehr Arbeitsplätze eingerichtet werden. Die Theke muss so großzügig bemessen sein, dass an jedem Arbeitsplatz auch mehrere Schüler stehen und lesen können, ohne die Mitschüler an den anderen Plätzen zu behindern. Die Arbeitsplätze werden mit beschrifteten Platzkarten gekennzeichnet: Licht – Töne – Wärme – Gefühle – ... Außerdem liegen Papier und Schreibzeug bereit.

Verlauf der Unterrichtseinheit

Einstieg

Der Lehrer wendet sich an die Schüler: „Wenn ich sage: ‚Sehen, fühlen, empfinden ...', an was müsst ihr dann denken?"
Die Schüler können sich nun äußern, wobei die Äußerungen Vorgaben für weitere Überlegungen sind.

Verlauf der Unterrichtsstunde

Falls noch nicht bekannt, stellt der Lehrer die Philosophiertheke vor und fordert die Schüler auf, nacheinander an die einzelnen Arbeitsplätze zu treten und aufzuschreiben, was ihnen zu den verschiedenen Titeln einfällt. Falls einem der Schüler die nötige Inspiration fehlt, kann er auch einmal eine Station auslassen.
Nachdem alle Schüler ihre Gedanken schriftlich festgehalten haben, lädt der Lehrer die Kinder ein, alle zusammen an die Philosophiertheke zu treten und das Niedergeschriebene durchzulesen. Dies wird dann gemeinsam besprochen und gegebenenfalls hinterfragt.

Der Lehrer stellt dann fest: „Licht, Töne, Wärme, Gefühle, ..., dies alles hat etwas gemeinsam: Wir wissen, wo sie herkommen (Ursprung), und wir können feststellen, was sie bewirken (Wirkung). Wir können aber nicht so ohne weiteres den Weg zwischen Ursprung und Wirkung verfolgen. So sehen

wir, wo die Lampe ist und wie sie leuchtet, wir sehen auch die Helligkeit, die sie auf den Gegenständen verbreitet, aber wir können nicht das Licht selbst erkennen auf seinem Weg von der Lampe zu den Gegenständen. Genauso ist es auch bei den Tönen und ihrem Weg von der Quelle – einem Lautsprecher zum Beispiel – zu unserem Ohr. Wir erkennen die Wärme nicht auf ihrem Weg von der Heizung zu unserer Haut – und was zwischen einem Lächeln oder Zuwinken und unseren Gefühlen alles geschieht, wissen wir auch nicht.“
Die Schüler sollen sich nun hierzu äußern und, wenn gewünscht, das Gesagte in der Praxis überprüfen. Weitere Beispiele können erörtert werden: Musik und Filme erreichen Radios und Fernseher, Nachrichten werden per SMS gesendet und empfangen, ohne dass die Übermittlungsstrahlung sichtbar wird.

Dann leitet der Lehrer zum Hauptthema über: „Wir haben festgestellt, dass es Dinge hier im Raum, in dem wir uns jetzt gerade befinden, gibt, die wir nicht direkt mit unseren Sinnen erfassen können. Müssen wir dann nicht auch annehmen, dass es noch weitere Dinge oder Ereignisse hier in diesem Raum gibt, die wir ebenfalls nicht erfassen können?“

Die Kinder können nun ihrer Fantasie freien Lauf lassen: Was könnte alles in dem Raum vorgehen, von dem sie nichts merken und woran sie noch nie gedacht haben?

Ist es zum Beispiel nicht denkbar, dass es noch viele weitere Formen von Leben gibt, die wir uns überhaupt nicht vorstellen können? Formen beispielsweise, die keinen Körper wie die Menschen besitzen, die vielleicht nur aus Strahlen oder etwas Ähnlichem bestehen? Könnte es nicht sein, dass sich außer den Schülern und dem Lehrer noch viele andere Wesen, die der Mensch nicht erkennen kann, im selben Raum befinden?

Wenn es diese Wesen geben sollte, wer sind sie? Und wo gibt es sie noch?
Sind sie immer da? Oder nur manchmal?
Wenn sie nicht hier sind, wo sind sie dann? Auf der Erde? Im Weltraum? Auf einem Stern? Einem Planeten?
Können sie durch Türen und durch Wände dringen? Gehen oder schweben sie? Brauchen sie Luft, Wasser und Nahrung wie die Menschen?
Sind sie den Menschen überlegen, gleich oder unterlegen?
Was wollen sie?

Wenn diese Wesen keinen Körper wie die Menschen haben, leben sie dann überhaupt? Oder sind sie tot? Aber wir glauben doch, dass sie sich bewegen: Können Tote sich bewegen?
Vielleicht gibt es aber auch andere Formen von Leben, die wir nicht kennen? Kann man diese dann aber „Lebewesen“ nennen? Muss man vielleicht einfach nur „Wesen“ sagen? Aber sie bewegen sich doch, sie tun etwas … Also doch „Lebewesen“?

Müssen die Menschen diese Wesen fürchten? Hat etwa schon einmal jemand Schaden durch sie erlitten?
Könnten die Wesen Schaden anrichten? Wozu sollten sie es tun?
Könnten sie Gutes tun? Warum?

Können die unbekannten Wesen Nachrichten zwischen Menschen und Menschen, zwischen der Natur und Menschen, zwischen Tieren, Pflanzen und Menschen übermitteln?

Waren diese Wesen, von denen wir einmal die Existenz annehmen wollen, früher vielleicht Menschen? Oder werden sie erst später zu Menschen werden? Haben sie vielleicht überhaupt nichts mit den Menschen zu tun? Sind sie Götter?

Vielleicht gibt es auch nur ein einziges Wesen, das überall ist. Ist es dann ein Gott? Der Gott?

Der Lehrer lässt den Schülern Zeit, den verschiedenen Überlegungen nachzugehen, sie zu hinterfragen und ihnen auch in aller Stille nachzuhängen.

Zum Schluss aber wird er daran erinnern, dass es sich bei dieser Unterrichtseinheit um eine Philosophierstunde gehandelt hat, in deren Verlauf viele Möglichkeiten untersucht wurden, die oft ungewohnt und meistens unbeweisbar sind. Aber gedacht werden sollten sie zumindest einmal im Leben jedes Menschen.

Und um seine Schüler wieder auf den Boden der sprachlichen Realität zurückzubringen, stellt der Lehrer ihnen die abschließende Frage: „Angenommen, es gibt diese unbekannten Wesen tatsächlich, sind sie dann aus der Sicht eines Menschen übersinnlich oder außersinnlich?“

4.1 Traum und Wirklichkeit

Unterrichtsplanung und -vorbereitung

Unterrichtsziel

In dieser Unterrichtseinheit werden drei besondere Ebenen der Wahrnehmungen eines Kindes der heutigen Zeit zur Sprache gebracht: die Wirklichkeit, der Traum und das virtuelle Erlebnis. In der Besprechung werden der Stellenwert der verschiedenen Ebenen zueinander und ihr Ineinanderfließen diskutiert. Abschließend wird versucht festzustellen, welche Ebene zu welchem Zeitpunkt dem Kind besonders wichtig erscheint und warum das so ist.

Bezugsrahmen

Die Unterrichtseinheit „Traum und Wirklichkeit" ist die erste von drei Einheiten, die für die vierte Klasse im Rahmen des Themas „Philosophieren mit Kindern" angeboten werden. Die Titel der beiden anderen Unterrichtseinheiten lauten „Glücklicher?" sowie „Und danach?".

Hilfsmittel

Vorbereitete Kopiervorlagen:
Arbeitsblatt 1: „Der Oskillator"

Weitere Materialien:
Pro Schüler drei verschiedene Farbstifte

Verlauf der Unterrichtseinheit

Einstieg

Der Lehrer erkundigt sich bei seinen Schülern, welche virtuellen Spiele sie kennen. Die Schüler werden so zu Experten, die mit großer Motivation von ihren Beschäftigungen am Bildschirm erzählen.

Verlauf der Unterrichtsstunde

Nachdem kurz einige Spiele besprochen worden sind, gibt der Lehrer bekannt, dass er eine kleine Geschichte mitgebracht hat, die von einem virtuellen Spiel handelt und einen unvorhergesehenen Verlauf nimmt.
Jeder Schüler bekommt ein vorher vervielfältigtes Exemplar der Erzählung „Der Oskillator" ausgehändigt. Das erste Lesen erfolgt individuell und schweigend.
Danach wird sichergestellt, dass der Text in allen Einzelheiten verstanden worden ist. So bietet sich auch die Gelegenheit, auf den Namen „Oskillator" einzugehen. Die Kinder werden keine Schwierigkeiten haben, das Wort „Killer" zu identifizieren, vielleicht auch „Oszillation", Schwingung, und ein „Oszillator" ist derjenige, der Schwingungen verursacht. So lässt sich dann auch leicht die Verbindung zum hin- und herschwingenden Pendel einer Pendeluhr herstellen.

Anschließend nimmt jeder Schüler seine drei Farbstifte hervor und teilt sie ein: Einer, der seiner Ansicht nach die Farbe der Wirklichkeit darstellt, ein zweiter, der einem Traum entspricht, und der dritte, der das Virtuelle verkörpert. Hierbei haben die Schüler natürlich die freie Wahl. Dann markiert jeder Schüler die entsprechenden Passagen in dem Lesetext mit der jeweils ausgewählten Farbe, wobei er frei entscheidet, ob er Satzteile, ganze Sätze oder auch ganze Abschnitte hervorhebt.
Bei dieser Arbeit wird eine kleine Schwierigkeit auftauchen, die aber gewollt und für das weitere Vorgehen notwendig ist: Die Grenzen zwischen Wirklichkeit, Traum und Virtuellem sind stellenweise schwer zu erkennen und verfließen ineinander. In einem solchen Fall soll der Schüler die betreffende Stelle einfach mit den zwei oder auch drei passenden Farbstiften markieren.

Gemeinsam wird nun untersucht, wo sich Traum, Wirklichkeit und virtuelles Geschehen überschneiden. Dabei wird wahrscheinlich die Bemerkung gemacht werden, dass man einen Traum ja wirklich träumt und er dementsprechend der Wirklichkeit angehört. Dies ist Anlass zu einer Diskussion:

- Was ist der Unterschied zwischen einem Traum und der Wirklichkeit?
- Kann man im wirklichen Leben Entscheidungen treffen?
- Kann man im Traum Entscheidungen treffen?
- Ist es wichtig, selbst entscheiden zu können, wie es weitergehen soll? Warum?
- In der Wirklichkeit kann man sich große Schmerzen zufügen und sogar sterben. Ist das auch im Traum so?
- Man träumt ja wirklich: Ist der Traum selbst also Wirklichkeit? Ist das Geträumte, also der Inhalt des Traums, auch Wirklichkeit?
- Was finden die Kinder schöner: das wirkliche Leben oder die Träume? Immer?
- Manche Kinder träumen am Tag mit offenen Augen. Wovon? Kommt das nicht vielleicht daher, dass der Traum schöner als die Wirklichkeit ist? Kann man dann sagen, dass dieses Tagträumen eine kleine Flucht vor der Wirklichkeit in die Fantasiewelt ist?
- Es gibt aber auch noch andere Fantasiewelten: Märchen, verschiedene Erzählungen, Mythen, gewisse Bilder, bestimmte Musik usw. Kann man auch dahinein flüchten?
- Wäre es nicht schön, wenn das Leben ein Traum wäre?

Aber nicht nur Traum und Wirklichkeit überschneiden sich in dieser Erzählung, sondern auch virtuelles Geschehen und Traum. Eigentlich ist sogar das virtuelle Spiel Bestandteil des Traums. Auch hieraus ergibt sich eine Diskussion:

- Wodurch unterscheiden sich virtuelles Geschehen und Träume?
- In der Erzählung steigt der Oskillator aus dem Spiel in die Wirklichkeit und der Spieler wird zur virtuellen Figur. Wodurch ist das möglich?
- Wenn die Schüler dieses Spiel ausprobieren könnten, würden sie es dann lieber in der Wirklichkeit oder in einem Traum spielen?
- In einem Traum hat man oft Angst. Und beim virtuellen Spielen? Wieso hat man eigentlich Angst: Es handelt sich doch nicht um die Wirklichkeit?
- Beim virtuellen Spiel kann man in das Geschehen eingreifen. Aber kann man tatsächlich über alles entscheiden, was am Bildschirm geschieht? Wer hat hier schon Vorentscheidungen getroffen?
- Man kann im wirklichen Leben auch Entscheidungen treffen. Aber kann man über alles entscheiden?
- Jemand entscheidet beispielsweise, mit dem Bus von einem Ort zu einem anderen zu fahren. Er hat also eine freie Entscheidung getroffen. Auf dieser Strecke fährt aber gar kein Bus. Führt die Freiheit, Entscheidungen zu treffen, also immer zum gewünschten Ziel?
- Und umgekehrt: Kommt man manchmal an einem Ziel an, ohne es gewollt zu haben, ohne sich also dafür frei entschieden zu haben?
- Was ist dementsprechend die Freiheit, Entscheidungen treffen zu können, wert?

Um noch einmal auf den Traum zurückzukommen: Man träumt und das ist Wirklichkeit. Und das ist auch bei virtuellen Spielen so: Man spielt und das ist auch Wirklichkeit. Tatsache ist aber auch, dass beides sich auf einer anderen Ebene als die Wirklichkeit abspielt.

Aber: Ist das tatsächlich so?
Ist die Wirklichkeit selbst vielleicht nur ein Traum? Kann man sicher sein, dass wir nicht bloß träumen? Dass wir träumen, zu leben, in der Schule zu sitzen, nachzudenken, ...?

Zum Abschluss dieser Unterrichtseinheit stellt der Lehrer folgende These in den Raum:
„Ich behaupte, dass niemand beweisen kann, dass wir wirklich leben."
Dies ist natürlich für die Kinder eine echte Herausforderung und es wird eine heftige Diskussion ausgelöst werden. Dabei werden die Schüler aber erkennen, dass es ungewohnte Fragestellungen gibt und dass man

ungewohnte Fragen auch stellen darf. Es wird sie mit Stolz erfüllen, dass sie in der Lage sind, solche Diskussionen zu führen, und die Kompetenz besitzen, philosophische Erörterungen zu tätigen.

Anmerkung: Der Text vom „Oskillator" kann auch mit Gewinn in einer Sekundarstufenklasse eingesetzt werden. In diesem Fall empfiehlt es sich, zusätzlich die im Text verwendete Symbolik in das Unterrichtsgespräch einzubringen.

Der Oskillator

Sven starrte die Pendeluhr an. Jedes Mal, wenn das Pendel nach rechts oder nach links schwang, folgten ihm Svens Blicke. „Das ist er, das ist er!", stieß er hervor.

Seine Mutter schaute ihn besorgt an. „Wer ist wer?", wollte sie wissen. Sven atmete schwer. „Der Oskillator, er verfolgt mich!"

Sven hatte ganz offensichtlich Angst. „Komm, wir wollen frühstücken." Seine Mutter hatte den Arm um seine Schultern gelegt und zog ihn aus dem Gang mit der Pendeluhr sachte in die Küche, wo sein Vater bereits den Tisch gedeckt hatte. „Erzähle mal!", forderte seine Mutter Sven auf. Dieser blickte nacheinander seinen Vater, seine Mutter und dann wieder seinen Vater an. Und dann erzählte er, was er letzte Nacht geträumt hatte, zuerst stockend, dann immer schneller.

„Also, das war so: Ich träumte, ich würde ein Spiel auf meiner Konsole spielen, vor dem Fernseher. Es war ein Spiel, das ich noch nicht kannte, das ich noch niemals gespielt hatte. Am Anfang war alles ganz leicht. Ich musste von einem Punkt zu einem anderen laufen und hatte verschiedene Hindernisse zu bewältigen. Ich musste hochklettern und hinunterspringen, einen Augenblick warten und dann ganz schnell laufen. Und dann kamen immer weitere Hindernisse hinzu und es wurde immer schwerer. Und dann kamen Feinde. Sie wollten mich am Laufen hindern oder am Springen – und ich musste auf sie draufspringen, damit sie zerplatzten.

Aber ich kam weiter und wurde immer besser. Und dann standen plötzlich Kisten da mit Dynamit. Sie waren sehr gefährlich, denn ich musste auf sie springen und schnell wegrennen, bevor sie explodierten. Aber auch das schaffte ich. Aber dann ..."

Sven verstummte. Seine Augen schienen nach innen zu schauen. Nach einer kurzen Pause fuhr er fort: „Dann war plötzlich der Oskillator da. Zuerst war er ganz klein und sah eher witzig aus. Aber seine Stimme ... Sie klang ganz hohl. Er sagte: ‚Ich bin der Oskillator! Wenn du nicht gut aufpasst, werde ich dich in Stücke schneiden!' Während er dies sagte, wuchs er ein Stück und begann nach links und nach rechts zu schwingen.

Der Oskillator stand mir von nun an immer im Weg und ich musste höllisch aufpassen, damit er mich nicht berührte. Einmal wäre ich fast gegen ihn gestoßen, da hat er fürchterlich gebrüllt und ist mir nachgerannt. Dabei wurde er wieder ein ganzes Stück größer. Und oben veränderte er sich: Sein Kopf wurde oben ganz spitz und an den Seiten richtig scharf. Schließlich sah er aus wie ein Dolch. Die Schultern wurden ganz rund und waren zum Schluss nur noch eine große, glänzende Scheibe. Auch sie war rundherum sehr scharf. Sein Körper wurde zu einem langen Stiel mit allerlei Verzierungen. Und immer schwang er hin und her und versuchte, mir den Weg zu versperren.

Ich lief immer schneller und einmal, als ich nicht mehr weiter wusste, da bin ich einfach selbst ins Spiel hineingesprungen ..." Sven hatte jetzt kleine Schweißperlen auf der Stirn und seine Augen hatten einen fiebrigen Glanz angenommen.

„Ich beherrschte meine Spielfigur jetzt besser, ich war sie ja selber. Ich kam noch besser voran. Aber dann kam eine Stelle, die sehr schmal war, und da stand der Oskillator im Weg und wartete auf mich. Er lachte höhnisch und brüllte entsetzlich laut. Ich hatte große Angst. Aber ich wollte wissen, wer der Stärkere von uns beiden war. Als er sich gerade nach links neigte, bin ich auf der rechten Seite über ihn gesprungen. Darüber hat er sich furchtbar geärgert und noch lauter gebrüllt. Er wollte sich schnell umdrehen, um mir nachzujagen, aber dabei geriet er aus dem Gleichgewicht und blieb mit seinem spitzen Kopf in der Wand des Spiels stecken. Er brüllte noch lauter und warf sich gegen die Wand und dann ...

Plötzlich war er nicht mehr im Spiel. Nach einigen Augenblicken bin ich zurückgerannt und habe ihn gesucht, aber er blieb verschwunden. Dachte ich wenigstens ...

Denn plötzlich hörte ich das höhnische Lachen wieder. Es klang noch widerlicher als vorhin. Und es klang auch anders, – als wäre er weiter weg, aber auch noch größer und mächtiger als eben. Ich schaute im Spiel überall nach, hinter jeder Ecke, in allen Gängen, aber ich konnte ihn nicht finden.

Aber dann guckte ich dahin, wo ich vorhin noch gesessen hatte, als ich noch nicht in das Spiel gesprungen war. Und da sah ich ihn ...

Er saß auf meinem Platz und er hielt meinen Steuerhebel in der Hand. Er war jetzt Wirklichkeit und ich die Figur im Spiel. Es war ganz verrückt und ich dachte, ich werde selber verrückt.

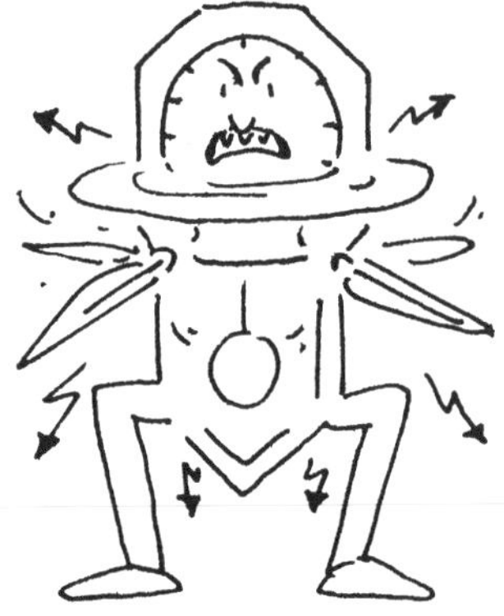

Und dann begann er, an den Griffen der Steuerung herumzudrücken. Ich fühlte, wie eine fremde Macht sich meiner bemächtigte, wie ich anfing Bewegungen zu machen, die ich gar nicht machen wollte.

Ich sah den Oskillator an und er blickte mir geradewegs in die Augen. Ich glaube, er war selbst einen Augenblick lang überrascht, dass er mich steuern konnte. Aber dann hatte er die Situation erfasst und sein böses Wesen kam wieder zum Vorschein.

Mit einem höhnischen Brüllen betätigte er den Hebel und ich musste zu ihm hingehen, ob ich wollte oder nicht. Er war besonders gemein und zwang mich sogar, einen Teil der Strecke auf allen Vieren zu kriechen oder auf den Knien zu rutschen. Und dann war ich vorne an der Scheibe des Bildschirms angekommen und wäre beinahe aus dem Spiel herausgefallen. Er brüllte noch lauter und wurde noch größer und fürchterlicher und streckte seine Hand nach mir aus.

Ich schrie jetzt auch. Ich wusste mir nicht mehr zu helfen und sprang ganz einfach nach vorne los, aus dem Bildschirm heraus.

Ich wollte weglaufen, aber meine Beine waren so schwer und ich kam nicht von der Stelle.

Und da bin ich aufgewacht ..." Sven war sichtlich am Ende seiner Kraft.

Sein Vater blickte ihn ernst an: „Und dann hast du das Pendel im Gang gesehen." Es war nicht wirklich eine Frage, sondern mehr eine Feststellung. Sven nickte bejahend mit dem Kopf.

„Und du hast gedacht, das ist jetzt der Oskillator?" Diesmal war es eine Frage.

Sven schaute nicht hoch, als er leise sagte: „Das Pendel sieht genauso aus und es bewegt sich auch so."

„Ja, aber das Pendel ist Wirklichkeit und der Oskillator ist etwas Erdachtes!" Seine Mutter versuchte wieder die gewohnte Ordnung in Svens Gedanken zu bringen.

Sven hob den Kopf und blickte seine Eltern an. Seine Augen schienen etwas zu sehen, was ihnen verborgen blieb, und seine Stimme klang ganz hohl, als er dann sagte: „Wenn ich nur wüsste ..."

4.2 Glücklicher?

Unterrichtsplanung und -vorbereitung

Unterrichtsziel

Kann man mehr als glücklich, also glücklicher sein? Dieser Frage wird in der vorliegenden, philosophisch zu behandelnden Unterrichtseinheit nachgegangen. Wie das so oft bei dieser Art von Erörterungen der Fall ist, tauchen dabei weitere Fragenkomplexe auf; es liegt im Ermessen des Lehrers zu beurteilen, wie weit er diesen und anderen Fragen mit seinen Schülern nachgehen will. Ansätze dazu findet er im abgedruckten Arbeitstext genügend.

Bezugsrahmen

Die Unterrichtseinheit „Glücklicher?“ ist die zweite von drei Einheiten, die für die vierte Klasse im Rahmen des Themas „Philosophieren mit Kindern“ angeboten werden. Die Titel der beiden anderen Unterrichtseinheiten lauten „Traum und Wirklichkeit“ sowie „Und danach?“.

Hilfsmittel

Vorbereitete Kopiervorlagen:
Arbeitsblatt 1: „Ein Schiff wird kommen …“

Weitere Materialien:
Eventuell Schreib- und Zeichenmaterial

Verlauf der Unterrichtseinheit

Einstieg

Wie gewohnt hat sich die Klasse mit dem Lehrer zur Philosophierrunde zusammengesetzt. Dieser wendet sich an seine Schüler: „Stellt euch vor, durch irgendeinen Zaubertrick könnte jeder von euch sich etwas wünschen und dieser Wunsch würde sofort in Erfüllung gehen. Es gibt aber eine Bedingung: Es muss sich um eine Sache handeln, also um etwas zum Anfassen. Es darf sich um etwas Kleines, aber auch um etwas Großes oder auch sehr Großes handeln. Überlegt und sagt den anderen dann euren Wunsch!“

Verlauf der Unterrichtsstunde

Nach einer kurzen Zeit zum Überlegen teilt jeder Schüler den anderen seinen Wunsch mit. Um die Diskussion lebhafter zu gestalten und damit die Schüler weiter zu motivieren, ist es erlaubt, weitergehende Fragen zu den einzelnen Wünschen zu stellen, etwa nach Einzelheiten, Formen, Größen, Farben etc.

Der Lehrer will nun wissen, ob die Schüler glücklich wären, wenn dieser Wunsch jeweils in Erfüllung ginge. Nachdem die Kinder diese Frage wohl in den meisten Fällen bejaht haben, forscht der Lehrer weiter: „Wenn euch dann noch ein zweiter Wunsch erfüllt werden könnte, würdet ihr dann noch glücklicher?“

Hiermit ist die Diskussion eröffnet, die diese Unterrichtseinheit zum Thema hat: Kann man mehr als glücklich, also glücklicher sein? Erfahrungsgemäß werden die Schüler nach anfänglichem Zögern geteilter Meinung sein. Deshalb schlägt der Lehrer ihnen vor, anhand eines Textes die Frage weiter zu vertiefen. Er händigt ihnen deshalb das zuvor kopierte Arbeitsblatt aus („Ein Schiff wird kommen …“).

Gemäß der in der jeweiligen Klasse gängigen Praxis wird der Text gelesen. Für eine vollständige Lektüre muss man etwa 35 Minuten veranschlagen. Die Länge des Textes ermöglicht es den Schülern, sich in die entsprechende Stimmung zu versetzen und die Ereignisse vor ihrem inneren Auge entstehen zu lassen. Wenn der Lehrer es für angebracht hält, kann die Szenerie auch bildlich dargestellt werden, wobei dann die Vogelperspektive den besten Überblick vermittelt.

Die Zeilen 1 bis 93 (15 Minuten) liefern die notwendigen Informationen, die es den Schülern erlauben, einigermaßen sachkundig das dann Folgende zu besprechen. Falls mit bildlichen Darstellungen gearbeitet werden soll, so stellen diese Zeilen vorzugsweise die Anweisungen dar, die die Schüler als Zeichnung wiedergeben sollen. Das weitere Geschehen kann dann mit Hilfe von Pfeilen usw. dem Verlauf der Erzählung entsprechend hinzugefügt werden. Selbstverständlich können – vielleicht in der Zeichenstunde – auch Bilder von der Bucht und vor allem von den verschiedenen Booten und dem Schiff gemalt werden. Auf jeden Fall sollte der Lehrer sich aber vergewissern, dass jeder einzelne Schüler sich die Ereignisse vor Augen führen kann und somit alles verstanden hat.

Die Zeilen 95 bis 104 liefern dann die nötigen Informationen, um eine erste Besprechung in die Wege zu leiten.

1. Besprechung (Zeilen 95 bis 104)

- ❍ Sind, nach Ansicht der Schüler, die einzelnen Akteure der Geschichte glücklich?
- ❍ Kann man arm und zugleich glücklich sein?
- ❍ Oder aber: Kann man reich und zugleich glücklich sein?
- ❍ Ist es vorstellbar, dass ein Mensch glücklicher als ein anderer ist?
- ❍ Anhand des Textes erkennt man, dass Hera glücklich ist. Was macht sie denn glücklich?
- ❍ Hat das Glücklichsein auch etwas mit dem Charakter des jeweiligen Menschen zu tun?
- ❍ Oder hängt es, vielleicht sogar ausschließlich, von den äußeren Umständen ab?

2. Besprechung (Zeilen 105 bis 114)

Hera versucht, das Glück mit Hilfe einer mathematischen Gleichung zu erfassen. Dazu bedient sie sich des wolkenlosen Himmels.

- ❍ Wie denken die Schüler über diese Vorgehensweise? Kann sie zum Erfolg führen? Sind menschliche Empfindungen mit Berechnungen zu erklären?
- ❍ Angenommen, an einem herrlichen Strand sehen alle Menschen denselben wolkenlosen Himmel und sind gleich glücklich. Dann aber erinnert sich beispielsweise ein kleiner Junge, der auch da liegt und glücklich ist, daran, dass er noch seine Hausaufgaben fertig machen muss. Und seine Mutter fragt sich plötzlich ganz besorgt, ob sie nicht vergessen hat, zu Hause die Fenster zu schließen. Und ein anderer Junge beginnt sich auf seinen Geburtstag und die Geschenke zu freuen. Dann haben sich weder der Strand noch das Meer noch der Himmel verändert, aber alle drei Elemente verlieren mehr oder weniger an Bedeutung.
  Sind jetzt immer noch alle Menschen am Strand gleich glücklich? Warum nicht?

3. Besprechung (Zeilen 115 bis 119)

Hera ist der Meinung, dass sie die Lösung auf die schwierige Frage, ob ein Mensch glücklicher als ein anderer sein kann, gefunden hat. Um die Lösung zu finden, hat sie eine recht simple Methode angewandt.

- ❍ Sind die Schüler der Meinung, dass man mit so einfachen Überlegungen die richtigen Antworten auf so schwierige Fragen finden kann?
- ❍ Haben ein wolkenloser Himmel, ein schöner Strand und ein warmes, glasklares Meer dieselbe Bedeutung für alle Menschen?
- ❍ Wenn einer der Schüler an das Meer denkt, verbindet er damit nicht nur eine einzige Vorstellung. An was würde er zusätzlich denken? Hat das Meer für alle Schüler dieselbe Bedeutung? Haben der Strand, der Himmel ... für alle Schüler dieselbe Bedeutung, denselben Wert? Vielleicht kann der eine oder andere Schüler das Meer, den Strand oder die starke Sonne überhaupt nicht leiden?
- ❍ Gibt es überhaupt etwas, mit dem verschiedene Schüler dieselben Gefühle verbinden?
- ❍ Sollte man also mit einer so einfachen Methode, wie Hera sie angewandt hat, das Glücksgefühl verschiedener Menschen vergleichen?
- ❍ Allgemeiner gesehen: Darf man überhaupt versuchen, mit simplen Überlegungen schwierige, vielschichtige Fragen zu lösen, und dann behaupten, man hätte die einzige wahre Antwort gefunden?

- Oder sollte man besser hingehen und sagen, dass man vielleicht (!) die Antwort oder einen Teil der Antwort gefunden hat?
- Sollte ein Philosoph, auch ein junger, nicht ein bisschen bescheiden sein, wenn er glaubt, eine Antwort gefunden zu haben?

4. Besprechung (Zeilen 121 bis 129)

Hera stellt fest, dass es mehrere Gründe geben kann, glücklich zu sein.

- Ist sie glücklich, weil sie eine Antwort gefunden hat? Warum? Ist es einem der Schüler auch schon einmal so ergangen?
- Ob auch Erwachsene manchmal glücklich sind, wenn sie eine richtige Antwort gefunden haben? Können die Schüler Beispiele aufzählen (Quiz, Wissenschaft, Beruf, ...)?
- Ist ein Mensch gleich glücklich, wenn er am Meer liegt und wenn er eine gute Antwort gefunden hat?
- Hera überlegt: „Gibt es vielleicht sogar verschiedene Formen von Glück? Oder gibt es nur ein einziges Glück, aber verschiedene Wege, um es zu erlangen?" (Zeilen 124 bis 126). Welche Antworten geben die Schüler auf diese Fragen?
- Als Nächstes versucht Hera herauszufinden, ob man verschieden stark glücklich sein kann. Was können die Schüler hierzu aus ihren eigenen Erfahrungen berichten?
- Jeder Schüler hat bestimmt schon einmal eine Kleinigkeit geschenkt bekommen (Bleistiftspitzer, Radiergummi, Spielfigur, Blume ...), über die er sich sehr gefreut hat. Und jeder hat auch schon einmal ein Geschenk erhalten, das richtig wertvoll war und das ihm sehr viel Freude bereitet hat. War das Glücksgefühl jedes Mal das gleiche? Kann dieses Gefühl also verschieden stark sein?

5. Besprechung (Zeilen 131 bis 142)

Hera erkennt, dass es schon glücklich machen kann, wenn man gar nicht nachdenkt.

- Sind die Schüler auch dieser Meinung? Wenn ja, dann müssen doch dumme Menschen glücklicher sein als gescheite, die ja dauernd über irgendetwas nachdenken? Und wenn das stimmt, möchten die Schüler dann lieber dumm oder gescheit sein? Und die Antwort auf diese Frage sollen die Schüler nun bitte begründen!
  (Hier bietet sich die Gelegenheit, der Frage auf den Grund zu gehen, ob und warum verschiedene Menschen versuchen, vor ihrer Intelligenz und der damit verbundenen Erkenntnis zu flüchten – die Diskussion wird auch hier natürlich auf Schülerniveau geführt. Im Laufe dieses Gesprächs können dann die diversen Arten von Flucht und Zuflucht – Kunst, Literatur, Alkohol, übertriebene Religiosität, Spiel, Drogen, Scheinwelt, ... – erörtert werden. Ob aber diese Diskussion mit den Schülern geführt werden soll, muss der Lehrer entscheiden.)
- Dann stellt Hera sich die Frage, ob man das Glück steigern kann.
  Welche Antwort geben die Schüler auf diese Frage:
  a) rein theoretisch, also auf das bloße Nachdenken begründet, und
  b) pragmatisch, also aufgrund ihrer eigenen Erfahrungen?
- Hera fragt: „Aber wenn ich jetzt glücklicher bin, dann war ich vorher vielleicht gar nicht wirklich glücklich?" Welche Antwort haben die Schüler auf diese Frage?
- Kann der Mensch zu verschiedenen Zeitpunkten, also zum Beispiel letzten Montag, dann am Donnerstag und danach nächste Woche Dienstag jedes Mal gleich glücklich sein?

6. Besprechung (Zeilen 144 bis 166)

Das Fischerpaar genügt sich selbst und ist glücklich dabei.

- Frage an die Schüler: Sind sie der Ansicht, dass der Mensch alles, was er zu seinem Glück braucht, in sich selbst finden kann? Kann er sich zum Beispiel so auf ein schönes Gefühl konzentrieren, dass er dabei glücklich wird? Oder brauchen Menschen immer auch etwas, das von Außen hinzukommt, damit sie glücklich sein können?
- War einer der Schüler schon einmal rundum so zufrieden, dass er dabei tief glücklich wurde?

Hera fragt sich, ob die Leute, die zu der Party gehören, glücklich sind oder ob sie Theater spielen.

- Was meinen die Schüler?
- Waren die Reichen, wie Hera es vermutet, einem vermeintlichen Glück hinterhergelaufen, um dann festzustellen, dass sie sich geirrt hatten, dass Reichtum nicht Glück bedeutet?
- Es wird oft gesagt, dass Geld allein nicht glücklich mache, aber dass es dabei helfe. Wie ist die Meinung der Schüler hierzu?

An dieser Stelle kann das Thema erweitert werden:

- Warum fragen die Leute sich eigentlich immer wieder, ob Geld, viel Geld, glücklich macht oder nicht? Welche Leute stellen sich überhaupt diese Frage, reiche oder arme oder aber einfach nur mittelmäßig wohlhabende?
- Stellen die Reichen sich auch die Frage, ob Armut glücklich macht? Warum oder warum nicht?

7. Besprechung (Zeilen 168 bis 175)
Obwohl ihr Verstand ihr das Gegenteil zu sagen versucht, ist Hera plötzlich in ihrem tiefsten Inneren glücklich.

- Welche Erklärung haben die Schüler hierfür?
- Was ist denn so schön daran, „da" zu sein?
  (Hier kann die Diskussion nun vertieft werden, indem versucht wird, nach dem Sinn des Lebens zu forschen – selbstverständlich auf Schülerniveau!)
- Sind die Schüler auch froh darüber, dass sie „da" sind? Sind sie auch glücklich darüber, dass sie, wie Hera, „jetzt und hier, an diesem Ort" sind?

Nachdem die Zeilen 177 bis 216 gelesen worden sind, erfolgt die achte und damit letzte Besprechung. Die Zeilen 218 bis 222 dienen als Ausklang und müssen nur kommentiert werden, wenn die Schüler dies wünschen.

8. Besprechung (Zeilen 177 bis 216)
Der reiche und der arme Seemann besteigen nun jeder sein Schiff, was aber auf ganz unterschiedliche Art und Weise geschieht.

- Wenn es möglich wäre: Mit wem von beiden würden die Kinder am liebsten tauschen?
- Das bisschen, das dem armen Fischer gehört, ist übersichtlich und er kann es selber in Stand halten. Ist er der glücklichere von beiden?
- Der Reiche ist offensichtlich sehr reich und er kann seine Reichtümer nicht mehr alleine verwalten, er braucht Hilfe. Kann er überhaupt noch glücklich sein?
- Der Reiche muss für das zahlen, was der Fischer selber kann. Kann man Glück kaufen?
- „Auch eine Form von Glück", sagte Hera sich. Welche Formen von Glück kennen die Kinder? Welche haben sie schon selber erlebt?

Ein Schiff wird kommen ...

Die kleine Hera saß an diesem unvergleichlich schönen Strand, an den sie und ihre Eltern jedes Mal hinkamen, wenn sie die Möglichkeit dazu hatten. Der Strand lag in einer Bucht, die zu drei Seiten von hohen Felsen umgeben war, durch die ein steiler Weg hinabführte. Die Bucht öffnete sich nach Süden, sodass die Sonne mittags direkt hineinscheinen konnte und alles herrlich zum Leuchten brachte. Das Meer war angenehm warm und meistens ruhig und glatt und stets sehr sauber. Man konnte viele Meter tief auf den Meeresgrund hinuntersehen. Die Stunden, die Hera hier verbringen konnte, gehörten zu den glücklichsten ihres Lebens.

Auch jetzt genoss sie den einmaligen Blick auf die Bucht. Deshalb bemerkte sie auch sofort die beiden Schiffe, die gerade in die Bucht hineinfuhren. Das eine kam von rechts um die Felsen, das andere von links. Sie hätten nicht verschiedener sein können. Das Boot, das sich von rechts mit einem deutlich zu hörenden Tuckern näherte, war ein echtes kleines Fischerboot, etwa fünf Meter lang, weiß gestrichen, ohne Kabine oder sonstigen Aufbau. Darin waren eine Frau und ein Mann zu sehen, der hinten saß und das Ruder in der Hand hielt.

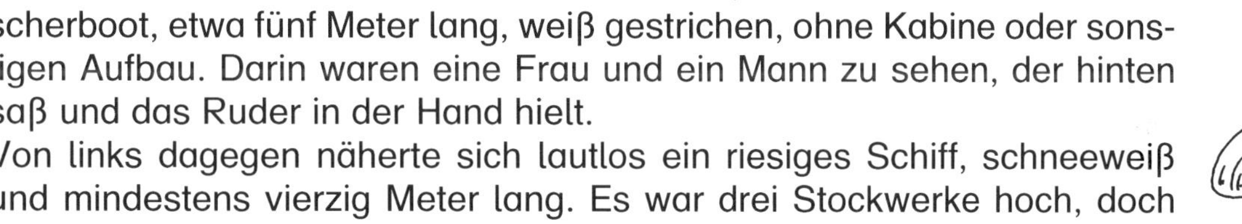

Von links dagegen näherte sich lautlos ein riesiges Schiff, schneeweiß und mindestens vierzig Meter lang. Es war drei Stockwerke hoch, doch kein einziger Mensch war zu sehen. Es fuhr sehr langsam in die Bucht hinein, wahrscheinlich hatte der Kapitän Angst, dass sich irgendwo ein versteckter Felsen im Wasser befand. Dann stoppte es schließlich und drei Männer erschienen hinten auf der großen Terrasse. Zwei von ihnen machten sich an Hebeln und Knöpfen zu schaffen. Daraufhin entfaltete sich ein kleiner Kran und bald schwebte sachte ein großes, weißes Schlauchboot ins Wasser hinab. Der dritte Mann sprang in das Boot hinein und ließ den Motor an. Nachdem er die Leinen gelöst hatte, fuhr er einmal um das Schiff herum und näherte sich dann den Felsen, um sie sich genau anzuschauen. Das Schiff selbst glitt weiter in die Bucht hinein, blieb stehen und ließ dann laut ratternd gleich zwei Anker ins Wasser. Nun nahm es langsam Fahrt rückwärts auf, wobei die Ankerketten weiterrasselten. Über ein Funkgerät nahm der Mann im Schlauchboot Kontakt mit dem Schiff auf und erhielt wohl von dort Anweisungen. Mit schäumendem Bug steuerte er sein Boot zurück zum Heck des Schiffes und nahm dort das Ende eines dicken Seiles in Empfang. Ein zweiter Mann sprang zu ihm in das Schlauchboot. So schnell wie möglich zogen die beiden nun das Seil ans Ufer. Einer stieg aus und befestigte es an den Felsen. Dann fuhren sie eilig zum Schiff zurück und wiederholten den ganzen Vorgang mit einem weiteren Seil.

Das kleine Fischerboot hatte sich unterdessen dem Strand bis auf wenige Meter genähert. Der Fischer warf einen einzigen Anker an einem langen Seil aus. Er sprang ins Wasser und zog sein Boot so weit wie möglich ans Ufer. Das Wasser reichte ihm noch bis unter die Knie. Die Frau stieg jetzt auch aus, mit Badetüchern und einem Picknickkorb in den Händen. Die beiden kamen den Strand hinauf und ließen sich nieder. Sie hatten Glück

und bekamen den letzten schönen Platz in der Mitte, wo sie ganz in der Sonne liegen konnten, mit den Füßen im Meer, wenn sie wollten. Sie konnten sich auch etwas weiter zurück in den Schatten eines Olivenbaumes legen. Der übrige Teil des Strandes hatte sich nämlich mit Menschen, die über Land gekommen waren, gefüllt, wobei aber jeder einen gehörigen Abstand zum Nachbarn einhielt. Keiner wollte den anderen stören oder sonst irgendwie bedrängen.

Das große Schiff war nun endlich sicher festgemacht und der Kapitän erschien oben auf der Kommandobrücke. Von dort schaute er sich alles genau an. Dann erst trat ein großer, übergewichtiger Mann auf das untere Deck hinaus. Das musste der Eigner sein, denn er begann sofort, Leute hin und her zu winken und Befehle zu erteilen. Ein weiteres Schlauchboot, noch größer als das erste und ebenfalls ganz weiß, wurde zu Wasser gelassen. Nachdem man dem dicken Mann ins Boot geholfen hatte, stellte dieser sich sogleich hinter das Steuer. Auf einen Ruf hin betraten nun vier Paare das hintere Deck und stiegen ebenfalls ins Boot. Bedächtig ließ der Dicke das Schlauchboot zum Ufer gleiten und als es am Fischerboot vorbeirauschte, konnte man erkennen, dass es ungefähr doppelt so groß wie dieses war. Der Hobbykapitän suchte nach einem geeigneten Platz für seine Gäste, konnte aber keinen finden. Schließlich entschloss er sich, ganz rechts, in der letzten Ecke der Bucht anzulanden. Dort stiegen seine Passagiere aus, betraten den Strand und blieben etwas unbeholfen im Sand stehen. Der dicke Mann fuhr zurück zum Schiff, wo ein Helfer das Schlauchboot mit einem Sonnenschirm, einem passenden Ständer und acht Klappstühlen belud und dann selbst an Bord sprang. Der Eigner transportierte das Ganze zu seinen Gästen an den Strand, wo der Helfer schnell alles aufbaute. Endlich konnte sich die Gesellschaft setzen.

Hera schaute interessiert zu. Von Zeit zu Zeit warf sie auch einen Blick auf den Fischer und seine Frau. Die beiden waren inzwischen ins Meer gegangen und weit hinausgeschwommen. Dabei hatten sie allem Anschein nach den Rest der Welt um sich herum vergessen. Als sie nun wieder ans Ufer zurückkamen, gingen sie Hand in Hand. Sie wirken innerlich so froh und zufrieden, überlegte Hera. Wahrscheinlich sind sie glücklich, weil sie beisammen und an diesem wunderbaren Ort sein können.

Die Party – so nennt man in diesen feinen Kreisen eine Gruppe von Gästen – hatte sich hinten in der rechten Ecke der Bucht niedergelassen. Die Leute waren alle teuer gekleidet. Sie redeten miteinander und taten interessiert an dem, was der andere sagte. Dabei vermieden sie es, hastige Bewegungen zu machen oder sonst etwas zu tun, was als ungehörig empfunden werden könnte. Sie saßen einfach da, auf ihren Stühlen, unter dem Sonnenschirm, der viel zu klein war, um allen Schatten spenden zu können. Der Eigner des Superschiffes war übrigens inzwischen mit dem Schlauchboot aus der Bucht hinausgefahren und nicht mehr zu sehen.

Hera blickte zu dem Fischerpaar und dann hinüber zu den Reichen. Sie fragte sich, wer glücklicher war. Das Fischerpaar war ganz offensichtlich glücklich und zufrieden mit der Welt. Die beiden genossen jeden Augenblick ihres Lebens und schienen nicht mehr zu begehren als das Wenige,

das sie hatten. Die Reichen dagegen hatten wahrscheinlich alles, was man für Geld kaufen konnte. Sie sahen auch sehr zufrieden aus. Aber ob sie glücklich waren? Oder ob sie sogar glücklicher waren als andere? Glücklicher zum Beispiel als das Fischerpaar oder Hera?

Geht das überhaupt, fragte sich Hera, dass ein Mensch glücklicher ist als ein anderer?

Sie legte sich zurück und schaute in den blauen Himmel. Keine einzige Wolke, nicht einmal ein Wölkchen war zu sehen. Was ist das überhaupt, Glück? fragte sie sich. Ist das wie der Himmel, ganz ohne die Wolken und ihre Schatten?

Ich nehme einmal an, überlegte sie, das Glück ist wie ein Himmel ohne Wolken. Und dann nehme ich auch mal einfach an, dass die Menschen, die auf diesem herrlichen Strand liegen und diesen Himmel anschauen, glücklich sind. Dann müssten diese Menschen eigentlich alle gleich glücklich sein, weil sie ja auf demselben Strand beim selben Meer liegen und denselben Himmel anschauen.

Wenn meine Überlegungen stimmen, überlegte Hera weiter, dann gibt es nur ein Glück. Und alle Menschen können nur dieses Glück erlangen. Also kann keiner glücklicher sein als ein anderer. Punkt und Schluss! Das war die Antwort auf diese schwierige Frage und sie, Hera, hatte sie gefunden! Sie schloss die Augen und war glücklich.

Glücklich? Glücklich, weil sie eine Antwort gefunden hatte? Und nicht, weil sie in den blauen Himmel geschaut hatte?

Hera setzte sich kerzengerade auf. Gab es etwa verschiedene Möglichkeiten, Glück zu empfinden? Gab es vielleicht sogar verschiedene Formen von Glück? Oder gibt es nur ein einziges Glück, fragte sie sich, aber verschiedene Wege, um es zu erlangen?

Aber wenn es verschiedene Wege gibt, leichte und schwere und mittelschwere, und, und, und … Hera versuchte ihre Gedanken zu ordnen … Ja, aber dann ist man ja auch verschieden stark glücklich!

Hera öffnete und schloss die Augen drei Mal. Dann klopfte sie sich mit der rechten Hand mehrere Male auf die Stirn, aber nichts half. Die Sache mit dem Glück war wirklich verflixt kompliziert! Vielleicht ist man sogar glücklicher, wenn man nicht über das Glück nachdenken muss? Als sie einfach nur den Himmel anschaute – ohne große Überlegungen anzustellen –, da war sie doch glücklicher gewesen als jetzt!

Hera bekam einen Schrecken: Ich war vorhin glücklicher als jetzt?

Sie selbst konnte also mehr oder weniger glücklich sein?! Aber das geht doch nicht, schoss es ihr durch den Kopf. Glück kann man nicht steigern! Oder doch?

Aber wenn ich jetzt glücklicher bin, dann war ich vorher vielleicht gar nicht wirklich glücklich?

Heras Kopf begann zu dröhnen und sie beschloss, zuerst einmal schwimmen zu gehen. Das Wasser würde sie kühlen und danach würde sie wieder klar denken können! So schwamm sie etwas hinaus und blickte zum Strand zurück.

Das Fischerpaar, das bis dahin in der prallen Sonne gelegen hatte, um sich trocknen zu lassen, zog sich eben in den Schatten des Olivenbaumes

zurück. Die Frau packte allerlei Essenssachen aus und der Mann öffnete in der Zeit eine Flasche. Gemeinsam pickten sie sich dann einzelne Speisen heraus, tranken, lachten und ließen es sich gut gehen. Manchmal berührten sie sich mit den Händen und blickten sich dann ganz lieb an.

Die reichen Leute saßen dagegen noch immer schön artig auf ihren Stühlen und redeten höflich miteinander. Es schien ihnen zu gefallen. Aber Hera fragte sich, ob diese Menschen das Schwimmen nicht vermissten? Oder würden sie vielleicht lieber ein bisschen mit den Füßen im Meer plantschen? Sie fragte sich sogar, ob diese Leute nicht Theater spielten, für die anderen, aber auch für sich selbst? Aber warum sollten sie das tun? Weil es sie glücklich macht? War das vielleicht das Glück der Reichen und der sehr Reichen? Vielleicht waren sie ihr Leben lang dem Reichtum hinterhergelaufen, weil sie sich etwas Wundervolles davon versprachen? Vielleicht hatten sie auf sehr viel verzichtet, um reich zu werden? Und nun, da sie alles erreicht hatten, merkten sie vielleicht, dass nun alles anders war, als sie es sich vorgestellt hatten? Aber das wollten sie dann sicherlich nicht zugeben und so spielten sie eben Theater …

Hör auf zu philosophieren, befahl Hera sich selbst. Was weißt du denn, was das Wort „reich“ bedeutet! Du selbst besitzt doch gar nichts! Und deine Eltern sind auch nicht reich! Das Einzige, was dir gehört, ist dein Leben, dein Körper … Irgendetwas in ihr wollte auf einmal traurig sein. Irgendetwas in ihr sagte, sie solle nun Mitleid mit sich selbst haben.

Aber sie konnte dieser Stimme nicht gehorchen. Denn genau in diesem Augenblick durchströmte sie ein unheimlich starkes Gefühl: Sie war glücklich! Glücklich, da zu sein, jetzt und hier, an diesem Ort!

Mit schäumender Bugwelle erschien nun wieder das große Schlauchboot mit dem dicken, reichen Mann hinter dem Steuer. Er ließ das Boot sanft ans Ufer gleiten. Ein paar freundliche Worte wurden gewechselt und seine Gäste stiegen an Bord, um wieder auf das Superschiff gebracht zu werden. Dann kam der Mann mit einem Helfer zurück und zusammen holten sie die Stühle, den Sonnenschirm und den Ständer. Etwas verspielt ließ der reiche Mann das Schlauchboot rückwärts zu seinem Schiff gleiten, wo schon helfende Hände darauf warteten, ihm an Bord zu helfen, die Strandmöbel auszuladen und das Schlauchboot mit dem Kran wieder an seinen Platz zu heben. Der Eigner und seine Gäste setzten sich unterdessen auf die Terrasse des zweiten Decks, wo ihnen an einem Tisch das Essen serviert wurde. Schade, dachte Hera, die inzwischen wieder bei ihren Eltern am Strand saß, dass sie nun alle im Schatten des Decks sitzen müssen.

Aber die Sonne schien sowieso nicht mehr so stark und deshalb machten sich viele Menschen auf den Weg nach Hause.

Auch der Fischer und seine Frau packten ihre wenigen Sachen zusammen und gingen durch das niedrige Wasser zu ihrem Boot. Er half ihr beim Einsteigen, kletterte selbst hinein und betätigte den Knopf, mit dem der Motor angelassen wird. Der Motor begann zu tuckern, starb dann aber sofort wieder ab. Wieder und wieder drückte der Fischer auf den Knopf des Anlassers, aber die Sache war hoffnungslos. Da klappte der Mann kurz entschlossen die kleine, hölzerne Tür auf, hinter der sich der Motor verbarg, steckte den Kopf und beide Hände hinein und zog nach einigen

Handgriffen etwas heraus, das einem Sieb ähnelte. Er blies ein paar Mal kräftig hinein und baute das Teil danach wieder ein. Erneut betätigte er den Anlasser und diesmal sprang der Motor sofort an. Zufrieden vor sich hin tuckernd, setzte sich das Boot in Bewegung.

Ob der Fischer jetzt wohl glücklich ist, weil er den Fehler gefunden hat? Und ob der reiche Mann sein Schiff auch selber reparieren kann? Wahrscheinlich nicht, überlegte Hera. Wahrscheinlich ist das alles viel zu groß und zu kompliziert und da braucht er schon einen richtigen Fachmann, um so eine Maschine zu reparieren. Aber der Mann hat bestimmt genug Geld, um Fachleute zu bezahlen. Und das könnte sich der Fischer wiederum nicht leisten. Dafür besaß er aber das nötige Wissen, um sein Boot selbst in Schuss zu halten. Im Grunde genommen, dachte das Mädchen weiter, hat der Fischer immer alles bei sich, was er benötigt. Alles, was er können und wissen muss, findet er bei sich selbst: in seinem Kopf und in seinen Händen. Und in seinem Herzen, fügte Hera hinzu. Auch eine Form von Glück, sagte sie sich.

Das genügt für heute, beschloss Hera. Genug philosophiert! Sie legte sich zurück in den warmen Sand. Bevor ihr die Augen zufielen, warf sie noch einen kurzen Blick auf das Superschiff. Dort machte man sich eben daran, das Schiff von den Felsen loszumachen. Als das Rasseln der Ankerketten begann, war Hera schon eingeschlummert.

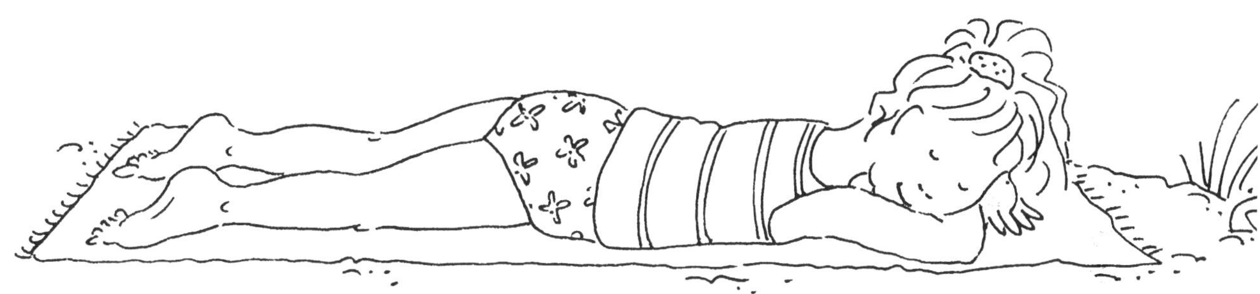

4.3 Und danach?

Unterrichtsplanung und -vorbereitung

Unterrichtsziel

Ein Philosophieunterricht ohne die Frage nach dem Danach wäre unvollständig, auch wenn ein religionsneutraler Ethikunterricht bloß die Frage stellen, aber die definitive Antwort nicht geben kann. Diese Unterrichtseinheit will jedoch den Kindern helfen, ihre Fragen nach dem, was nach dem Tod geschieht, klarer zu strukturieren und in der gemeinsamen Diskussion mögliche Antworten zu suchen.

Bezugsrahmen

Die Unterrichtseinheit „Und danach?“ ist die letzte von drei Einheiten, die für die vierte Klasse im Rahmen des Themas „Philosophieren mit Kindern“ angeboten werden. Die Titel der beiden anderen Unterrichtseinheiten lauten „Traum und Wirklichkeit“ und „Glücklicher?“.

Hilfsmittel

Vorbereitete Kopiervorlagen:
Arbeitsblatt 1: „Und danach?“

Verlauf der Unterrichtseinheit

Einstieg

Als Einstieg kann der Lehrer eine Tageszeitung mit Todesanzeigen mitbringen und den Kindern zur Ansicht vorlegen. (Da die Anzeigen ja willentlich veröffentlicht wurden, kann keine Rede von Verletzung der Privatsphäre sein.)

Verlauf der Unterrichtsstunde

Die Schüler sollen sich dazu äußern, was ihrer Meinung nach in den Hinterbliebenen vorgeht, was sie fühlen, was sie denken.

Dann teilt der Lehrer den Schülern mit, dass er ihnen einen Text mitgebracht hat. Er wurde von jemandem geschrieben, der eben einen Menschen verloren hat, der ihm viel bedeutete.
Der Text „Und danach?“ wird an die Schüler ausgeteilt und in einer ersten Phase still und individuell gelesen. Die Schüler sollten ausreichend Zeit bekommen, sich mit dem Text zu beschäftigen, damit sie sich bereits die ersten Gedanken dazu machen können. Dann wird geprüft, ob jeder die Erzählung auch verstanden hat. Wieder erhalten die Schüler Gelegenheit, in aller Stille persönliche Erwägungen anzustellen. Erst danach wird der Text, wie in der jeweiligen Klasse gewohnt, gemeinsam gelesen und besprochen. Dabei sollten die Schüler erkennen, dass die beiden Personen in der Erzählung nicht näher beschrieben werden. Die Kinder haben so die Möglichkeit, selbst den beiden eine Persönlichkeit zu verleihen, ganz so, wie sie es sich vorstellen. Jeder Schüler erhält also das Recht auf seine eigene Interpretation. Um wen kann es sich handeln? Um eine Frau und um ihren Mann? Um einen Vater und seinen Sohn? Oder um wen sonst?

Was, glauben die Kinder, geschieht nach dem Tod eines Menschen: Stirbt er ganz oder bleibt ein Teil von ihm „lebendig“ und lebt sozusagen weiter? Woher stammt ihre Überzeugung? Rührt sie aus persönlichen Überlegungen und Überzeugungen her oder wurde sie ihnen von jemandem anderen vorgeschlagen? Wenn ja, von wem?
Wenn ihre Überzeugung aus persönlichen Erwägungen herrührt, so sollen sie besprochen werden: Was hat die Kinder zu diesem Schluss geführt? Sind alle Kinder dieser Meinung? Kann man diese Überzeugung durch Tatsachen belegen oder handelt es sich bloß

um einen Glauben? Kann ein Glauben richtig sein und mit der Wirklichkeit übereinstimmen oder ist er zwangsläufig – von der Sache her – falsch, ein Hirngespinst?
Ob wohl viele Menschen dasselbe glauben wie die Schüler?

Treffen die Überlegungen der Schüler hinsichtlich des Todes auch auf die Tiere zu? (Immerhin wird der Mensch von einigen als hoch entwickeltes Tier verstanden.) Und auf die Pflanzen? Wie begründen sie ihre Meinungen?

Die Person, die in der Geschichte die Rolle des Erzählers übernimmt, teilt nach reiflichen Überlegungen die Menschen in drei Kategorien ein, je nachdem, was sie glauben. Diese drei Kategorien werden nun einzeln besprochen.

1. Diejenigen, die an nichts glauben
Kann man an gar nichts glauben? Aber dann glaubt man doch an das Nichts – und das ist auch schon wieder etwas, oder nicht? Kann es ein Nichts überhaupt ohne ein Etwas geben?
Können die Menschen aus der Kategorie 1 beweisen, dass alles falsch ist, was andere glauben? Warum nicht? Haben sie also Unrecht?

2. Diejenigen, die das glauben, was sie sich selber überlegt haben
Diese Menschen glauben, dass sie mit Nachdenken herausfinden können, was wirklich nach dem Tod – oder auch schon vorher – geschieht. Ist das möglich? Oder kommt dabei auch nur ein Glauben, eine Überzeugung, heraus? Kann man durch Überlegungen, durch intelligentes, sachliches Denken zu einem Glauben kommen? Wenn ja, wird dann dieser Glauben zur Sicherheit, gestützt auf die Intelligenz eines Menschen? Können dann Delfine, Menschenaffen, Graupapageien und Hunde auch an etwas glauben? Und Ameisen, Käfer oder Bienen? Fische und Frösche?

3. Diejenigen, die das glauben, was andere ihnen vorschlagen
Woher sollen andere Menschen etwas wissen, was der Erzähler der Geschichte nicht auch selber weiß? Ist es möglich, dass vor langer Zeit etwas geschehen ist, das man sich seitdem weitererzählt und das der Erzähler nicht selber erlebt haben kann? Aber stimmt das denn auch, was man sich so erzählt? Schließlich wissen diese Menschen das ja auch nur vom Hörensagen. Und was mag da wohl so Wichtiges geschehen sein? Der allgemein gebräuchliche Ausdruck für einen Glauben, der von vielen Menschen geteilt wird, heißt Religion. Wie denken die Schüler über eine – ihnen bekannte – Religion? Gibt es mehrere Religionen? Jede Religion verkündet, dass sie allein die Wahrheit kenne. Aber welche hat dann Recht? Oder haben alle Religionen etwas gemeinsam? Wenn ja, was ist es? Aber ist das dann nicht ein Glauben, der gar nicht so verschieden ist von dem, was die Menschen aus der zweiten Kategorie glauben? Wenn ja, wozu braucht man dann noch Religionen?

Zu welcher der drei Kategorien zählen sich die einzelnen Schüler? Sind sie damit zufrieden? Warum?

Dann wird noch die letzte Aussage des Erzählers besprochen: „Ich beschließe, das zu glauben."
Kann ein Mensch beschließen, etwas zu glauben? Wenn ja, dann besitzt er ja eine gewisse Freiheit, sich einen Glauben auszusuchen, oder nicht? Ob wohl viele Menschen von dieser Freiheit Gebrauch machen? Wie sieht es in dem Ort aus, in dem die Schüler leben? Gibt es dort viele Glaubensvereinigungen? Wie sieht es rund um die Welt aus? Sicherlich sind viele dieser Menschen der Überzeugung, dass sie die Wahrheit kennen. Aber wenn viele einer solchen Überzeugung sind, wer hat dann wirklich Recht?

Abschließend stellt der Lehrer die folgende Behauptung in den Raum und fordert die Schüler auf, darauf zu reagieren:
Damit es keinen Streit oder gar Krieg gibt, und weil ja doch keiner beweisen kann, dass er allein die Wahrheit kennt, wäre es da nicht am gescheitesten, ein jeder würde den Glauben des anderen ganz einfach respektieren?

Und danach?

Er starb an einem Morgen um sechs Uhr. Dabei hatte er noch so viele Pläne gehabt. In der Garage standen noch neue Apparate, die er in seinem Haus einbauen wollte. Und erst vor kurzem hatte er sich ein neues Auto gekauft. Vor ein paar Tagen noch war er in der Nachbarstadt gewesen und hatte mir ein Geschenk mitgebracht.

Und dann waren plötzlich diese Schmerzen da gewesen. Ein Rettungswagen hatte ihn abgeholt und in die Klinik gebracht. Dort wurde er sofort operiert, aber der Eingriff dauerte viel länger als vorgesehen. In den folgenden Tagen hatte die Genesung nur sehr langsam eingesetzt. Doch wir fassten alle wieder Hoffnung und freuten uns, dass alles wieder werden würde wie früher.

Und dann klingelte früh morgens das Telefon: Er war um sechs Uhr gestorben.

Zuallererst konnte und wollte ich es nicht begreifen. Immer wieder nahm ich sein Geschenk in die Hände. Ich malte mir aus, wie er im Laden gestanden und es ausgesucht hatte. Ich konnte beinahe sehen, wie er dabei an mich gedacht und wie er sich meine Freude vorgestellt hatte.

Und nun? Er würde nie wieder in einen Laden gehen. Er würde nie wieder irgendwohin fahren. Er würde überhaupt nie wieder irgendetwas tun.

Er war tot.

Und doch … Ich fühlte seine Gegenwart noch immer. Er war überall, wo ich war. Ich hörte seine Stimme und spürte seine Nähe.

War er wirklich tot? Oder war nur sein Körper tot?

Was heißt das eigentlich: tot sein?

Bedeutet tot sein, dass alles, wirklich alles gestorben ist? Aber ein Mensch – oder überhaupt ein Lebewesen – ist doch mehr als nur ein Körper. Etwa so, wie ein Buch, das ja auch mehr ist als bloß Papier und Buchstaben. Wenn ein Buch auf einmal nicht mehr da ist, so bleibt doch etwas übrig. Unter der Bedingung natürlich, dass es wenigstens einmal gelesen worden ist. Übrig bleiben nämlich die Erinnerung und das Wissen, das beim Lesen entstanden ist. Und ich glaube, dass es sich auch beim Menschen so verhält. Natürlich kann man einen Menschen nicht lesen, aber man kann ihn lieben und respektieren.

Ja, das glaube ich. Natürlich weiß ich das nicht wirklich, aber ich glaube es so fest, dass es mir wie eine Tatsache vorkommt.

Alles was lebt, stirbt eines Tages. Und was kommt danach?

Gibt es ein Teil des Menschen oder auch eines anderen Lebewesens, das nach dem Tod des Körpers weiter bestehen bleibt? Wenn das so ist, wo befindet sich denn dieses Teil – nach dem Tod oder auch schon davor? Und stirbt dieses Stück dann später doch noch oder bleibt es ewig bestehen? Und wie lange dauert dann die Ewigkeit?

Diese Fragen gingen mir im Kopf herum und wie sehr wünschte ich mir, dass es so ein Teil geben würde, das immer und ewig weiter bestehen bleibt! Ich wünschte es mir für ihn und ich wünschte es mir auch für mich, denn es würde bedeuten, dass ich nicht mehr so große Angst vor dem Sterben haben müsste. Und ich fragte mich, wie andere Menschen darüber denken und was sie glauben. Wissen kann es ja keiner, glaube ich, denn man erfährt es ja erst, nachdem man gestorben ist. Und dann kann man es nicht mehr weitererzählen. Glaube ich jedenfalls.

Alle Menschen, die denken, glauben etwas. Darüber habe ich in letzter Zeit viel nachgedacht und ich teile die Menschen nun in drei Gruppen ein.

Da gibt es einmal diejenigen, die glauben, dass sie gar nichts glauben sollen. Aber das ist auch schon wieder eine Art Glauben. Denn auch sie können nicht wissen, dass alles falsch ist, was andere glauben. Also sind sie bloß dieser Meinung und glauben, dass sie richtig ist.

Und dann sind da diejenigen, die sich sagen, dass ihr Gehirn dazu da ist, um gebraucht zu werden, und die deshalb auch viel nachdenken. Sie entwickeln ihre eigenen Ideen und machen sich ein eigenes Bild von allem, was geschieht – und manchmal auch von dem, was nicht geschieht. Sie schaffen sich sozusagen ihren eigenen Glauben.

Die dritte Gruppe sind diejenigen Menschen, die das glauben, was andere ihnen sagen, dass sie glauben sollen. Aber woher wissen andere etwas, das ich nicht weiß?

Diese und andere Gedanken ließen mich die ganze Zeit nicht los, wenn ich an ihn dachte. Und ich konnte nicht anders, als dauernd an ihn zu denken. Ich wusste nicht, was ich glauben sollte oder nicht. Ich wusste nur, dass ich nur allzu gerne etwas glauben würde. Ich war ganz durcheinander, alles war so unbegreiflich, und ich bin auch jetzt noch nicht im Klaren mit mir. Jetzt, wo ich mich erheben muss, um ihn ein letztes Mal zu begleiten.

Und nun, da ich hier auf dem Friedhof stehe und zuschaue, wie er begraben wird, glaube ich ihn neben mir zu fühlen. Und ich glaube ihn sagen zu hören, ich solle doch nicht weinen, er sei ja noch immer bei mir, nur anders.

Ich beschließe, das zu glauben.